치과 종사자들을 위한
치과 상담 스킬 업!

헤세의서재

헤세의서재 블로그 https://blog.naver.com/sulguk
1등의책쓰기연구소 카페 https://cafe.naver.com/nunnara

기업인, 의사, 컨설턴트, 강사, 프리랜서, 자영업자의 출판 기획안, 출판 아이디어, 원고를 보내주시면 잘 검토해드리겠습니다. 좋은 콘텐츠를 갖고 있지만 원고가 없는 분에게는 책쓰기 코칭 전문 <1등의책쓰기연구소>에서 책쓰기 프로그램에 따라 코칭을 해드리고, 책 출판해드립니다. 자기계발, 경제경영, 병원경영, 재테크, 대화법, 문학, 예술 등 다양한 분야의 책을 출판합니다.

치과 종사자들을 위한 치과 상담 스킬 업!

초판 1쇄 발행 2020년 10월 26일
초판 4쇄 발행 2023년 11월 15일

지은이 김영준
펴낸이 고송석
발행처 헤세의서재
주소 서울시 서대문구 북가좌2동 328-1 502호(본사)
　　　서울시 마포구 양화로 64 서교제일빌딩 824호(기획편집부)
전화 0507-1487-4142
이메일 sulguk@naver.com
등록 제2020-000085호(2019년 4월 4일)
ISBN 979-11-967423-3-1(13320)

© 김영준, 2020

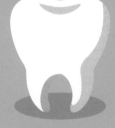

치과 종사자들을 위한

치과 상담 스킬 업!

김영준 지음

헤세의서재

추천사

김영준 소장님의 신간 발간을 진심으로 축하드립니다. 김영준 소장님은 내가 알고 있는 모든 지인 중에서 창의 융합 역량이 매우 출중한 몇 안 되는 재원 중의 재원입니다. 재미, 재치, 재기의 3 재주를 모두 갖춘 영재라고 말씀드릴 수 있습니다. 특히, 치과 경영과 치위생 분야의 독보적인 컨설팅 노하우를 현장에 접목하여 황금알을 낳게 하는 멋진 마술사라는 것은 익히 잘 아실 것입니다.

이 책에서는 제가 김 소장님을 무척 사랑하고 사랑할 수밖에 없는 3가지 이유가 담겨 있습니다. 독자 여러분들이 달콤한 아이스크림을 쪽쪽 빨아 드시듯 갈증이 날 때마다 이 책으로 해소하시길 추천 드리고자 합니다.

첫째, 불가능을 가능으로 바꾸는 노력과 재주가 탁월합니다. 어떠한 환경과 여건 속에서도 포기 없이 극복하고 나아갈 수 있는 용기와 지혜를 지니고 있는데 이것이 이 책 전체에 녹아 있습니다.

둘째, 핵심을 정확하게 꿰뚫는 안목이 탁월합니다. 높은 안목은 절대 그냥 형성되는 것이 아니며 지식과 학력이 많다고 그에 비례하는 것도 아닙니다. 김 소장님은 신기할 정도의 안목을 갖고 있는데 이 책에 그 안목이 가득 녹아 있습니다.

셋째, 인간적인 포용력과 배려가 탁월합니다. 이러한 역량은 바로 고객 응대 마인드로 이어져 모든 경영혁신의 기저를 이루는데, 이 책이 이러한 점을 잘 녹여 다루고 있습니다.

이 책을 읽으시며 시원한 아이스크림을 입속에 넣고 오래도록 빨아먹고 싶은 마음으로 맛보시기를 바랍니다.

서민원 우송대학교 부총장

책 출간을 진심으로 축하드립니다. 김영준 교수님을 안 지도 어언 15년이 훌쩍 지나간 듯합니다. 저는 늘 성실하고 예의 바르고 진취적인 김 교수님의 품성을 좋아합니다. 간단한 일화로 추천사를 대신하고자 합니다.

2008년도에 제가 병원에서 김 교수님과 차를 마시며 미래의 꿈과 비전 등을 이야기하다가, 모교 서울대학교에 보탬이 되는 일을 하고 싶다고 말을 한 적이 있었습니다. 그 뒤, 김 교수님이 모교에 10년간 나눠서 10억 원을 기부해 장학 재단을 만들 수 있는 플랜을 준비해 왔습니다. 그날 김 교수님은 제 모교 발전 기금처의 세일즈맨으로 찾아왔던 것입니다.

한창 치과를 키워가는 제 입장에서 이 기부 플랜은 쉽지 않은 일이라는 것을 알고 있었습니다. 하지만 김 교수님의 클로징 멘트가 가슴에 다가왔습니다. "어려운 일이라는 것을 알고 있습니다. 하지만 중간에 설령 포기하시더라도 충분히 존경받으실 수 있는 일입니다. 저는 단지 제 주변분들 중에 가장 가능성이 높은 분에게 제안을 드리는 것뿐입니다."

사람의 가슴을 뜨겁게 만드는 짜릿한 최고의 클로징 멘트였습니다. 저는 주저 없이 큰 결정을 할 수 있었습니다. 그리고 기부는 10년이라는 세월 동안 이어져 초심을 다지게 하고, 힘들 때 스스로에게 더 큰 책임감을 갖게 해준 소중한 '인생의 선물'이 되었습니다.

이 책의 많은 치과 상담 노하우들을 공유해 주십시오. 주변을 행복하게 만들어 주리라 믿어 의심치 않습니다.

황재홍 서울황제치과 대표원장

6

김영준 교수님의 상담책 출간을 축하드립니다. 저는 치과 운영 전략과 상담 분야에서 김 교수님에게 많은 도움을 받고 있습니다. 이번에 책을 내시는 김 교수님으로부터 추천사를 요청받았는데 글재주가 부족해서 고민 끝에 가장 기억에 남는 일화를 소개할까 합니다.

김 교수님이 한창 치과 쪽에서 일을 하실 때, 부업 삼아 하셨던 동네 작은 빵집 컨설팅 이야기입니다. 김 교수님은 유명 프랜차이즈 빵집의 기세에 눌려 점점 손님 발길이 끊기는 동네 빵집 사장님의 시름 소식을 접했고, 그 빵집에서 빵을 뜯어 드시며 며칠을 고민하다가 솔루션을 내놓았습니다. 남긴 식빵에서 생긴 곰팡이에서 힌트를 찾은 것입니다.

동일한 조건에서 프랜차이즈 식빵은 멀쩡한데 동네 빵집의 식빵은 곰팡이가 퍼렇게 피어난 것에 주목했지요. 전자는 방부제가 들어갔고, 후자는 방부제가 전혀 들어가지 않았던 것입니다. 그래서 김 교수님은 우유와 계란이 많이 들어가고 방부제가 들어가지 않은 동네 빵집의 장점을 시각적으로 표현해 내어, 아파트 단지 내 동네 작은 빵집의 평가를 한방에 뒤집었습니다. 이러한 기획력에서 정말 감탄을 했던 기억이 납니다.

상담자는 환자와 의료기관의 가교 역할을 담당하는 중요한 역할을 맡고 있습니다. 이 책은 환자가 느끼지 못하는 치과의 정성과 가치를 찾아주게 하고, 상담자의 잠재력을 최대치로 발휘하도록 도와주는 비결을 담았습니다. 한번쯤 꼭 읽어보시라고, 이 책을 추천합니다.

파주행복치과 원장단

치과계는 매출을 올리기 위해 온갖 전략을 다 끌어다 사용하고 있다. 하지만 이제는 아무리 노력을 해도 별 효과를 내지 못하고 있는 현실이다. 이제는 모두가 친절한 응대, 좋은 장비 사용, 원장의 실력 알리기, 출신 학교 노출, 넓은 인테리어를 하고 있기에 이것으로는 차별화가 되지 못하고 있기 때문이다.

그렇다면 매출을 높일 수 있는 또 다른 차별화된 전략이 없는 것일까? 아니, 있다. 주변 치과와 다른 차별화된 전략은 바로 '환자의 치료 동의율을 높이는 치과 상담법'이다. 아무리 하드웨어가 잘 갖춰져 있다고 해도 환자 동의율이 낮으면 좋은 매출 성과를 낼 수 없기 때문이다. 『치과 상담 스킬 업!』은 다른 치과와 차별화하여 매출을 끌어올리는 치과 상담 비법을 다루고 있다.

치과 환자의 동의율을 높이기 위해서 상담자는 결국 세일즈를 해야 한다. 상담자마다 세일즈 능력의 차이를 보이고 있는데, 상담자가 세일즈 실력을 제대로 발휘한다면 이것이 곧 치과의 매출로 이어지지 않을까? 오랜 시간 내공을 쌓아온 김 소장님의 이 책으로 치과 상담자들이 매출을 높이는 차별화된 강력한 전략을 펼치기를 기대한다.

이다혜 덴탈마스터 대표 컨설턴트, 『우리 동네 1등 치과 만들기』 저자 출판을 축하드립니다. 치과 상담 책이 드디어 나오는군요. 제가 글 솜씨가 없는데 추천사를 부탁받고 보니, 김 교수님과의 인연이 선명히 기억이 나서 소개할까 합니다.

저는 치과 장비 및 재료를 납품하는 회사를 운영하고 있습니다. 예전에 우리 회사에는 몇 년째 자리만 차지하고 있던, 악성 재고 물품이 있었습니다. 영업 사원들에게 판매를 독려하고, 아무리 가격을 낮춰도 판매가 되지 않아서 거의 포기하고 있었습니다. 이때, 우연히 업계에서 상담으로 유명한 김영준 교수님을 직접 만나게 되었지요. 내가 지나가는 말로 회사의 악성 재고 이야기를 털어놓았는데, 김 교수님이 그 이야기를 듣더니 갑자기 "심심한데 제가 한번 팔아볼까요?"라는 농담 섞인 말을 했습니다. 그때는 그냥 립 서비스인 줄 알았는데, 얼마 뒤 갑자기 그 재고의 주문이 들어온 것이 아니겠습니까? 그것도 헐값이 아닌 정가에 주문이 들어왔습니다.

너무나 이유가 궁금해서 알아본 결과, 고객들에게 우리가 악성 재고라고 부르던 제품이 더 이상 생산이 되지 않는, '한정판'이라고 불린다는 사실을 알게 되었습니다. 김 교수님은 제품의 가격 할인이 아닌 제품의 인식 차이로 '가치 세일즈'를 한 것이었습니다.

이런 인연을 갖고 있는 저로서는 김 교수님의 치과 상담 책 출간 소식에 누구보다 기뻐했습니다. 이 책을 통해 저수가에 조금도 주눅 들지 않고, 당당하게 환자 만족과 수가를 방어해 내는 상담 노하우가 방출된다는 것은 치과계에 너무나 큰 행운이라고 봅니다. 저는 제 고객들을 위해 선물로 많이 구매를 했습니다. 후회하지 않을 것이라 확신합니다.

김성호 리뉴메디칼 대표

CONTENTS

검증된 상담 원리로 치과 상담에
자신감 갖길 바라며

요즘 치과 세미나에서 제일 핫한 테마가 '상담'이다. 과거에는 이 정도까지는 아니었다. 얼마 전부터 상담이 치과 세미나에서 많은 수강생들이 뜨거운 관심을 보이고 있는 중요한 테마로 자리 잡았다. 이러한 추세는 앞으로도 꾸준히 이어질 것이라 본다.

왜, 상담이 세미나의 중요 테마가 되었을까? 내 나름대로 그 이유를 이렇게 진단해 본다. 요즘 환자들은 지적 수준이 높아지는 것과 함께 기대 심리가 매우 커졌고, 이에 따라 자기에게 맞는 치과를 선택하는 시대가 되었다. 그러자 치과 운영이 공급자 중심에서 수요자 중심으로 옮겨갔다. 이로 인해 치과에서 환자를 설득해내는 상담의 중요성이 크게 높아졌다.

상담은 AI가 대체할 수 없는 인간의 고유 영역이다. 상담은 자기 주도형 결정을 중시여기는 사람을 설득하는 능력을 요구하기 때문이다. 자기 스스로 판단하고 결정하는 수많은 환자를 대상으로 설득하는 건 인공지능이 쉽게 따라잡을 수 없다.

사람들은 치과를 고를 때 무조건 비용이 저렴하다고 선택하지 않고, 비싸다고 거부하지 않는다. 비용이 저렴하지만 거부하는 경우가 있고, 또 비싸지만 선택을 하는 경우가 많다. 사람들이 치과를 선택하는 기준은 다양한 변수로 뒤섞여있다. 이때 간과하지 말아야할 것은 사람의 미묘한 감정이다. 이 감정이 치과 선택의 중요한 변수다.

따라서 상담자는 사람의 감정을 제대로 읽어내고 그에 맞게 제안을 하는 게 중요하다. 이렇게 함으로써 환자가 만족하는 치료결정을 도와줘야한다. 이게 바로 상담자의 역할이다.

문제는 상담자가 이를 실수 없이 척척 해내기가 결코 쉽지 않다는 점이다. 그래서 상담을 잘하는 치과 종사자들이 치과에서 필수 불가결한 인재로 인정받고 있다. 실제로 상담 능력은 관리자로 진출하기 위한 필수 요건이 되었다. 또한 유능한 관리자들은 공통적으로 상담 능력이 매우 뛰어나다는 것을 알 수 있다.

하지만 이로 인해 상담은 치과 종사자들에게 부담을 주고 있는 것 또한 엄연한 현실이다. 상담을 못하면 그만큼 능력을 인정받지 못하는 것이기 때문이다. 그 결과, 치과 종사자들에게 상담은 '성장 기회'와 '실적 부담'이라는 양날의 검이 되었다. 참으로 상담은 치과 종사자에게 중차대한 능력이 아닐 수 없다.

그렇다면 어떻게 하면 상담을 잘 할 수 있을까? 무엇보다 '상담은 과학'이라는 명제에서 출발해야한다. 상담 원리를 이해하고 훈련하면 누구나 어느 정도까지는 잘 할 수 있다고 확신을 한다. 수영에도 원리가 있고, 탁구에도 원리가 있다. 이것을 훈련하면 잘 할 수 있다. 이것을 도외시하는 건 상상도 할 수 없다. 우리 주변에 유능한 상담자가 상담을 능숙하게 해내는 것을 볼 수 있다. 이는 수많은 상담 경험을 토대로 자기만의 노하우를 터득했기 때문이다. 애석하게도 치과 상담의 입문자에게는 경험이 없다. 이와 함께 어느 치과에서도 경험의 기회를 제공해주지 않는다.

그래서 나는 상담 입문자들을 위해 상담 원리를 이 책에 정리해놓았다. 이 책은 상담의 원리를 중심으로 상담 성공 사례를 구체적으로 소개하고 있다. 이론에 치우치지 않고, 실전 상담 사례를 다양하게 소개했으므로 쉽게 상담 원리를 이해할 수 있을 것이다. 이는 수많은 시행착오 끝에 만들어졌으며, 높은 치료 동의율을 자랑하고 있다. 상담 입문자들은 이 상담 원리를 간편하게 습득하여, 자기 스스로 훈련하기만 하면 된다. 이렇게 하면 단숨에 능숙한 상담 능력을 선보일 수 있을 것이다. 이 책은 7부로 구성되었는데 간략하게 알아보자.

1부 '동의율을 결정하는 상담자의 자세'에서는 최고의 상담자가 되기 위해 갖춰야할 자세를 다루고 있다. 상담자의 마음가짐과 올바른 상담 자세를 소개했다. 특히, 상담자는 카운슬러가 아닌 세일즈맨이라는 점을 강조했다.

2부 '환자 유형별 맞춤 상담'에서는 소개 신환, 비소개 신환, 구신환, VIP 환자, 쇼핑 신환, 구환, 치료변경 구환, 이벤트 환자, 검진 & 스케일링 환자 각각에 특화된 상담법을 다루고 있다. 환자 유형에 맞는 상담을 통해 동의율을 높일 수 있음을 강조했다.

3부 '치료별 상담의 핵심 포인트'에서는 예진상담법, 치경부 마모증(CA) 상담법, 충치초기(C1) 레진 상담법, 충치중기(C2) 인레이 상담법, 충치말기(C3) 크라운 상담법, 치아파절(C4) 임플란트 브릿지 상담법, 통증 없지만 위중한 치아 상담법을 소개했다. 치료에 따른 효과적인 상담법을 정리했다.

4부 '능력을 보여주는 치아교정 상담'에서는 많은 상담자들이 난감해하는 치아교정 상담에 대해 다루었다. 교정 환자들을 설득하여 치료를 받게 만드는 다양한 비법을 소개했다.

5부 '원내 가치를 결정하는 임플란트 상담'에서는 상담자의 원내 가치를 상징하는 임플란트 상담을 다루고 있다. 환자가 가격대가 비싼 임플란트 치료를 결정할 수 있도록 유도하는 여러 가지 상담 노하우를 소개했다.

6부 '오너에게 신뢰받는 컴플레인 상담'에서는 치과의 골칫거리인 컴플레인 상담을 다루고 있다. 컴플레인 처리를 잘 하기 위한 자세와 상담 노하우를 소개했다.

7부 '환자를 사로잡는 상담 클로징 비법'에서는 상담의 마무리에 대해 다루고 있다. 아무리 상담을 잘 진행하더라고 마무리가 나쁘면 결코 좋은 성과를 기대할 수 없다. 환자가 치료 결정을 하게 만드는 강력한 클로징 비법을 소개했다.

부디, 이 책을 통해 상담 입문자들이 상담에 자신감을 갖길 바란다. 또한 상담을 통해 성장의 기회를 낚아채길 바란다. 마지막 한 마디로 끝맺을까한다.

"어느 정도 자신만의 상담 노하우를 익히기 전까지는 성공한 상담자의 방법 즉 검증된 상담 원리를 따라하는 것이 가장 빠르게 성장하는 것입니다."

Dental Counseling

PART
01

동의율을 결정하는
상담자의 자세

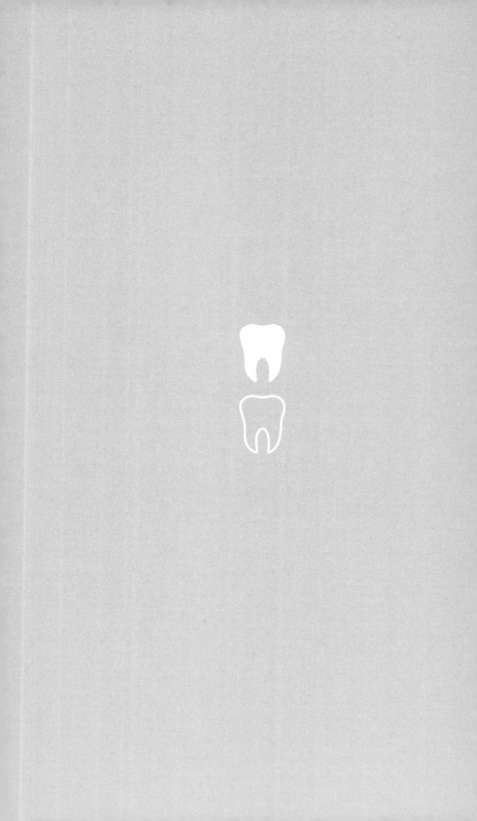

치과 상담의 본질은
세일즈

"우리 치과는 치료비가 너무 비싸서 환자의 치료 동의율을 끌어올리기 너무 힘들어요."

"원장님이 삼십 대 초반인데다 얼굴까지 동안이라서 진료 실력을 높게 보지 않은 탓인지 환자와의 상담이 잘 되지 않아요."

자주 접하는 치과 상담실장의 고민이다. 언뜻 보면 치료비가 비싸고, 원장이 나이가 어리다는 이유로 상담이 잘 되지 않아 보인다. 그런데 이것은 상담에 불리하게 작용하는 부수적인 조건일 뿐이다. 결코, 이는 상담의 성패를 좌우하는 결정적인 요소가 아니다.

치료비가 낮고, 원장님 나이가 지긋하다고 하자. 그러면 누구나 환자와 상담을 해서 치료 동의율을 최고로 높일 수 있을까? 그렇게 된다면 얼마나 좋을까? 현실은 그렇지 못하다. 아무리 치료비가 낮고,

원장님이 연륜이 있어도 상담자에 따라 치료 동의율이 제각각이다. 실력 있는 상담자만이 부수적인 조건에 상관없이 치료 동의율을 높일 수 있다. "명장은 도구를 탓하지 않는다."라는 말처럼, 유능한 상담자는 부수적인 조건을 탓하지 말아야한다.

나는 치과 실장들을 대상으로 환자 상담 강의를 자주 하는 편인데, 그때마다 이렇게 강조하고 있다.

"비싼 치료비, 원장님의 짧은 연륜, 치과 브랜드의 낮은 인지도 이런 것은 절대 상담의 결정적인 방해요소가 될 수 없습니다. 이는 상담에 어느 정도 부수적으로 영향을 미칠 뿐입니다. 그렇다면 상담을 방해하는 결정적인 요소는 무엇일까요? 바로, 가까운 곳에 있습니다. 상담자가 세일즈를 하는 것에 대한 거부감입니다."

상담은 대부분 경력이 많은 전문직 치과위생사 출신들이 맡는 경우가 많은데, 이들은 3~4년간 국가고시를 준비하고 국가고시를 통과해 면허증을 취득해야한다. 그래서 보건의료계 종사자라는 자부심이 대단하다. 치과위생사는 기본적으로 구강 질환 예방과 구강 관리 업무, 구강 보건 교육 그리고 치과의사의 진료와 치료를 협조하는 일이 자기 본연의 일이라고 생각하고 있다.

이런 탓에 치과위생사는 '세일즈'라는 분야가 생소하다. 전문직 특유의 세일즈맨십의 부재, 즉 세일즈 마인드 부족으로 상담을 잘 하지 못한다. 따라서 상당수 치과위생사 출신 상담자가 환자를 대하는 상담실 분위기가 치열한 전쟁터를 방불케 하는 다른 세일즈 현장과 비교할 때 텐션이 느슨할 수밖에 없다.

한 치과에 근무할 때다. 직원 인센티브 복지 차원에서 환자 대기실에 구강용품 부스를 설치하고 직원들에게 칫솔, 치실, 워터픽을 환자에게 권유하게 했다.

사진1 치과 내 구강 용품 부스

수익금 일부를 인센티브로 지급한다는 조건을 제시했다. 하지만 생각과 달리 직원들의 반발이 컸다.

"이게 돈이 얼마 된다고 치과위생사로서 이런 것까지 팔아야합니까?"

나는 잠시 생각을 하고 질문을 했다.

"치과위생사의 본령이 뭐죠?

"..."

"학교 다니실 때 귀에 못이 박히도록 들었던 내용을 여쭙는 겁니다."

직원들이 대답했다.

"'치과위생사는 치과의사의 진료 및 치료를 보조하며 구강 관련 질환을 예방 및 치료하고 구강 관리 교육을 안내한다.'입니다."

"네, 말씀 잘하셨어요. 치과위생사는 국민의 구강 건강을 위해 예방과 치료를 도모하여 국민의 행복을 증진시키는 것 아닙니까? 환자에게 여기 전시된 구강관리 용품의 필요성을 느끼게 하고 구매하도록 하는 일 역시 마찬가지입니다. 이 구강 용품을 통해 환자가 구강이 건강해지면 행복해지지 않을까요? 저는 그냥 시키면 열심히 안할 것 같아서 소액이라도 재미를 느끼시라고 기획한 거예요."

그제서야 직원들이 고개를 끄덕이기 시작했다. 직원들이 구강용품을 권하는 일 또한 좋은 일이며 자신이 마땅히 해야 할 일이라는 생각에 다다랐다. 이로부터 직원들에게서 변화가 눈에 띄게 생겨났다. 직원들이 환자에게 구강용품을 하나라도 더 권하려고 하다 보니, 항상 미소가 떠나지 않았고 또 자연히 친절도가 높아지게 되었다. 그결과, 구강용품 판매가 증가하는 것과 함께 치과에 큰 소득이 있었다. 치과는 밝고 친절한 직원들을 얻은 것이다. 치과위생사들이 구강용품을 파는 행위 곧 세일즈에 대한 인식의 변화가 이런 긍정적인 결과를 만들어낸 것이다.

환자와의 상담도 마찬가지다. 상담자는 의료 서비스 세일즈에 대한 인식을 이렇게 바꿔야한다.

"우리 병원에서 책임지고 환자에게 양질의 치료를 해드릴 것이며, 이를 통해 환자에게 건강과 행복을 선사하겠다. 그리고 그에 걸맞는 비용을 당당히 청구하겠다."

이렇듯 치과위생사의 본령을 환자 상담에서도 이어가야한다. 그러면 상담자는 환자의 구강 건강과 행복을 주기 위해 치료 동의율을 높이는데 최선을 다할 수 있다. 치과위생사의 본령과 의료 서비스 세일즈가 상충하지 않는다. 상담 세일즈에 치과위생사의 본령이 잘 녹아들어간다.

이렇게 해서 상담 세일즈에 대한 인식의 변화가 생기면, 상담하는 자세가 달라진다. 이제는 환자의 치료 동의율을 높이기 위해 더욱 친절해지고, 더 배려한다. 아무리 치료비가 비싸고, 원장님의 나이가 젊어도, 또 치과 브랜드 인지도가 낮아도 이는 상담자에게 별 영향을 미치지 못한다. 이는 상담자에게 방해요소가 되지 못한다. 상담자에게는 최악의 조건을 극복해내는 세일즈 마인드를 가지고 있기 때문이다. 기필코 환자에게 우리 병원의 의료 서비스를 제공할 것이라는 세일즈 마인드 말이다.

치과 상담은 분위기와 기세로 8할은 먹고 들어간다. 상담자가 세일즈 마인드를 가질 때 공격적일 수 있다. 나는 오랫동안 여러 치과 병원에서 상담과 교육을 해왔다. 이런 경력을 통해 자신 있게 말할 수 있는 게 있다. 치과 상담의 본질을 언급할 때 미사여구가 필요하지 않다는 것이다. 치과 상담의 본질은 간단명료하게, '세일즈'다.

환자와 긍정적 관계를
만들려면?

'Sales'는 '판매'의 뜻을 가진 단어다. 치과 상담이 바로 세일즈(Sales)이다. 십 수년 간 상담자로 세일즈를 해온 내가 볼 때, 단순히 판매행위를 모두 세일즈라고 부르지는 않는다. 세일즈와 단순판매는 근본적인 차이점이 존재한다.

한 직장인이 음료수나 샌드위치를 사러 편의점에 들렀다고 하자. 이때, 고객은 그 편의점의 직원이 누구냐에 조금도 영향을 받지 않고 원하는 상품을 구입한다. 직원이 나이가 많건, 인상이 어둡건, 다소 불친절하건 상관없이 자신이 원하는 상품을 그냥 돈을 지불하고 구입한다. 구매자는 파는 사람이 누구냐에 영향 받지 않는다. 그래서 이는 편의점 직원의 입장에서 볼때, 그냥 단순한 판매 행위에 지나지 않는다.

진정한 의미의 세일즈는 이와 다르다. 한 직장인이 차를 구매하려는 생각을 가졌다고 하자. 그는 내심 G사 자동차를 구입하려고 했는데, 그에게 두 명의 자동차 영업 사원이 찾아왔다. 첫 번째는 G사 자동차 영업사원, 두 번째는 H사 영업사원. 그 직장인은 G사 자동차 영업 사원을 만나고 나서 속으로 낙점했다. 그런데 예상치 못한 변수가 생겼다. 두 번째 영업 사원이 친한 대학교 후배였다. 그러자 그 직장인은 이렇게 결정을 내렸다.

'원래 G사 차를 사고 싶었어. 그런데 이상하게 H사 자동차가 새롭게 눈에 들어오네. 이왕이면, 후배 회사의 차를 구매하자.'

이렇게 해서 그 직장인은 H사 자동차를 샀다. 이는 구매자가 판매자가 누구냐에 영향을 받기 때문에, 자동차 영업 사원의 입장에서 볼 때 세일즈이다. 그 직장인이 H사 차를 산 것은 후배가 그곳 영업사원이라는 인간적인 요소가 구매 결정에 작용했기 때문이다.

이렇듯 우리 주변에서 이루어지는 상품 판매 행위는 외형적으로 똑같아 보이지만 두 가지로 구분된다. 상품을 파는 특정인에 의해 판매가 좌지우지되느냐, 그렇지 않느냐로 나뉜다. 상품을 파는 특정인에 영향을 받지 않는 것은 단순한 판매에 불과하고, 이와 달리 상품을 파는 특정인에 큰 영향을 받는 판매는 진정한 의미의 세일즈(Sales)이다.

상담자가 이 두 가지를 혼동하면 어떤 일이 생길까? 대다수 환자는 가격이 낮다는 이유로 즉각 치료 서비스를 구매하지 않는다. 대다

수 환자는 자신이 원한다면 기꺼이 더 높은 치료비를 낼 준비가 되어 있다. 그런데 상담자가 가격이 낮으면 무조건 치료 동의를 한다는 안이한 자세를 취하면 환자가 떠나고 만다. 이 경우의 상담자는 의료 서비스를 단순하게 판매한다는 생각에 젖어들어 있기 때문이다.

의료 서비스 판매자는 자판기가 되어서는 곤란하다. 자판기는 구매자에게 특별한 영향을 주지 않고 상품을 판매한다. 의료 서비스 판매자 곧 상담자는 환자에게 단순히 판매한다는 생각을 버려야한다. 상담자는 기본적으로 고객 환자에게 세일즈 하는 자세를 가져야한다. 환자의 치료 동의율을 결정하는 것은 특정 상담자이며, 그와의 관계이기 때문이다.

나이 지긋한 어르신이 일을 보러 왔다가 시내 치과를 들렀다고 하자. 사실 그 어르신이 사는 변두리 동네에 자주 가는 치과가 있었다. 막상 시내 치과에서 상담을 해보니, 치료비가 동네 치과의 것보다 더 높았다. 그런데 그 어르신은 자신을 대하는 상담실장에게 무척이나 호감을 가졌다. 속으로 이런 생각을 했다.

'참 싹싹해. 노인네가 이것저것 물어보면 인상을 찌푸릴 만도 한데 한 번도 미소를 잃지 않네. 쏙쏙 이해되게 두 번 세 번 말을 해주고 참 친절하네. 막내아들 며느리 감으로 제격이야.'

이렇게 하면 그 어르신은 치료비가 비싸고, 거리가 먼데도 불구하고 그 치과 치료를 받게 된다. 실제로 이런 일이 비일비재하다. 이는 상담자가 단순 판매가 아닌 세일즈 맨의 자세로 얻어지는 결과다.

잘되는 치과, 소문난 치과는 공통적으로 상담자가 세일즈를 하고 있다. 의료 서비스 중에서도 치과 같은 비보험 위주의 만성질환은 특별한 판매자에 결정적으로 영향을 받는다. 그리고 간과해서 안 되는 사실이 있다. 환자는 의사가 얼마나 진료를 잘하는가보다, 의사를 포함한 의료기관 종사자들이 얼마나 좋은 사람인가를 먼저 본다는 것이다. 따라서 상담자는 환자와의 긍정적인 관계 형성에 많은 노력을 해야 한다. 이렇게 해서 환자가 상담자를 특별하게 받아들이면 반드시 구매 결정을 내리게 되어 있다. 요즘 치과에서 중요한 것은 낮은 치료비가 아니라 환자와의 긍정적인 관계라는 사실을 명심하자.

세계적인 커뮤니케이션 전문가 톰 샌트는 세일즈 거장 데일 카네기, 존 헨리 패터슨, 엘머 휠러, 조 지라드의 성공 노하우를 연구했다. 이는 『4인의 거장, 세일즈를 말하다』로 출간되었는데 여기에서 그는 말했다.

해럴드 비옹과 프레드 셀네스의 1996년 조사 결과를 보면 거래 과정에서 세일즈맨이 보여주는 태도와 행동, 즉 세일즈맨의 고객과의 교류하는 방식이야말로 구매자의 관계 지속 욕구에 직접적인 영향을 미친다는 사실이 밝혀졌다. 나아가 세일즈맨과 형성한 강력하고 긍정적인 관계는 그 세일즈맨이 속한 기업에 대한 신뢰도 및 선호도를 상승시킨다는 사실도 밝혀졌다. 이 연구를 통해 프로페셔널 세일즈맨의 가장 중요한 역할 중

하나가 RM(Relationship Manager: 관계 매니저)라는 것이 분명해졌으며, 카네기가 역점을 둔 핵심 요지도 바로 여기에 있었다.

환자와의 긍정적인 관계가 세일즈의 성공에 매우 중요한 요소임을 알 수 있다. 상담 성공을 위해 환자와의 긍정적인 관계를 만들려면 다음 세 가지를 반드시 지키자.

첫째, 공통의 화제와 관심사를 통해 공감대를 만들라.

처음부터 본론을 꺼내면 환자가 부담을 느낀다. 따라서 공통의 화제, 관심사를 꺼내어 공감대를 만들자. 그러면 고객 마음속의 경계하는 벽이 허물어진다. 공통의 화제로 인기가 높은 영화와 드라마를, 공통의 관심사로 건강과 패션을 들 수 있다. 세일즈 전문 교육기관에서는 아이스 브레이킹(Ice Breaking)의 중요성을 강조한다. 어색한 분위기를 녹여내는 것이 너무나도 중요하다.

둘째, 환자가 많은 말을 하게 하고, 경청하라.

대개 아마추어 상담자는 많은 말을 본인이 함으로써 환자의 치료 동의율을 떨어뜨린다. 나는 상담 교육을 할 때 '설명충', '진지충'을 경계한다. 상담자가 경청하고 환자가 많은 말을 하게 하라. 그러면 환자는 인간의 본능에 의한 자율 결정권에 따라 의료 서비스를 구매한다.

셋째, 환자에게 구체적으로 칭찬을 하라.

칭찬은 고래도 춤추게 한다는 말이 있다. 칭찬받은 사람들은 누구나 기분이 좋아진다. 그래서 칭찬하는 사람이 원하는 것을 거부감 없이 유도하기 쉽다. 이렇게 칭찬해보자.

"아이고 공부 많이 하셨나봐요. 치과 치료 방법에 대해 많이 알고 계시네요."

"그래도 이 정도면 상당히 관리를 잘하신 편입니다."

"스타일이 충치 없으실 것처럼 보이는데요. 그래도 한번 봐드릴게요."

사람은 가랑비에 옷 젖는 줄을 모르는 법이다. 칭찬으로 우리 치과에 빠지도록 만들어야 한다.

책임감과
프로의식을 가져라

대학생 때 군 입대 전에 부산의 한 피시방에서 아르바이트를 한 적이 있다. 당시, 나는 게임을 좋아했다. 이와 함께 장차 내가 피시방을 운영할지 모른다는 생각에 피시방이 어떻게 돌아가는지 알아보고 싶었다. 이때 내 시급이 첫달 1,800원에서 둘째달 2,000원 그리고 셋째달 2,200원으로 매월 10프로씩 인상이 되었다. 화폐 가치가 10년에 반 토막 정도 난다고 가정했을 때, 요즘으로 치면 8,000원 시급 받던 알바생이 다음달 9,000원에서 그 다음달 1만원 정도로 오른 셈이다.

알바비가 연봉도 아니고, 어떻게 이런 일이 가능했을까? 일개 알바생이 이렇게 높은 시급을 받게 되었다면 이상하게 생각하는 분이 있을지 모르겠다. 혹시 사람을 못 구한 어느 순진한 사장님의 약점을 쥐어짜낸 게 아닐까하고 말이다. 절대 그렇지 않다. 내 시급은 사장님이 자발적으로 올려준 것이다.

나는 일반적인 피시방 아르바이트생처럼 정해진 일만 하고 게임
하면서 시간을 때우지 않았다. 우선 근무시간 중에는 보통 알바생들
처럼 게임을 일체 하지 않았다. 아르바이트를 하는 내내 내 사업장이
라고 생각하는 것과 함께, 일개 알바생 신분이었지만 어떻게 하면 매
상을 올릴 수 있을까를 고민했다. 얼마 지나지 않아 매상을 올리는데
큰 걸림돌이 되는 것이 무엇인지 알 수 있었다. 사장의 눈으로 보자
저절로 보였다.

피시방은 특성상 인근 초등학생들이 많이 찾아오는데 미수금이 너
무 많이 발생했던 것이다. 손님이 많이 찾아주는 것은 쌍수 들어 환영
할 일이었다. 하지만 구매력과 자제력이 떨어지는 초등학생이 시간
가는 줄 모르고 게임을 하다가 자기가 소지한 금액 이상으로 게임에
빠져있는 경우가 종종 있었다. 그래서 초등학생들의 미수금이 눈덩이
처럼 불어났다. 게다가 초등학생들은 게임 중 각종 고성을 지르며 시
끄럽게 떠드는 바람에 주변 손님들에게 불편마저 주고 있었다.

혼자 스트레스를 받다가 특단의 조치를 취했다. 지금은 PC방에서
키오스크 같은 선불 결제 기계가 익숙하지만 그 당시 동네 피시방 최
초로 1000원 선불제를 시작했다. 시작하기 전에 1000원짜리를 받고
1시간을 설정하는 식이었다. 시간이 지나면 그냥 컴퓨터 전원을 카
운터에서 종료시켜버렸다. 그러자 게임이 중간에 끊어진 초등학생들
이 아우성을 쳤다. 조금만 더 하게 해달라고 했다. 나는 매번 단호하

33

게 PC를 꺼버렸다.

그러자 초등학생들 사이에서 피시방 알바 형이 싸XX가 없다고 소문나며 평판이 떨어졌고, 아이들은 내가 있는 피시방을 욕하면서 기피하기 시작했다. 순간적으로 손님이 떨어진 것 같았지만, 변화가 일었다. 주변에 조용한 피시방이라는 소문이 돌면서 비싼 유료게임을 즐기려는 성인들이 찾아들기 시작했다.

얼마 지나지 않아 매상이 오르기 시작했다. 당연히 피시방 사장님이 흡족해했고, 선뜻 시급을 올려줬다. 오너의 마음으로 피시방에 대한 책임감을 갖고 일을 하다 보니 결과적으로 내 급여가 올라간 것이다. 급여가 올라간 것에 자극을 받은 나는 책임감을 갖고, 더더욱 피시방을 주의 깊게 살펴보기 시작했다.

이번에는 손님들이 주로 언제 자리를 뜨는지를 집중적으로 살펴보았다. 게임을 하던 손님이 배가 고프거나, 담배가 떨어지면 자리를 비우는 게 자주 눈에 들어 왔다. 먼저, 담배가 떨어진 손님을 위한 대책을 세웠다. 당시에는 피시방 흡연이 합법이었는데, 담배를 편의점에서 몇 보루를 사서 원가에 손님들에게 공급을 하자, 담배가 떨어져서 자리에서 일어나는 손님들이 사라졌다.

그 다음, 식사를 위해 자리를 뜨는 손님을 위한 대책을 세웠다. 요즘은 맛집 피시방이 있다고 할 정도로 다양한 먹을거리를 판매하고 조리를 해주는 게 일상화가 되었지만, 과거에는 컵라면과 음료수 외에 별다른 게 없었다. 나는 동네 음식점들의 전단지들을 수집하고 정리를 했다. 중국집, 분식집, 치킨집, 야식집 등의 전단지 정보를 취합하여 메뉴판을 만들었다. 그러곤 손님들이 출출하면 전화로 주문을 대행해주는 서비스를 자발적으로 시작했다.

이와 더불어 사장님께 건의하여 피시방 구석에서 식사를 할수 있도록 작은 탁자와 의자 2개를 비치해두었다. 식사 중에 고정 손님 컴퓨터를 킵해주는 서비스는 기본이었다. 그러자 자주 오시는 단골은 본인 식사를 주문할 때 팁처럼 알바생인 내 식사도 사주시곤 했다. 지금도 그때 먹었던 오므라이스의 맛을 잊을 수가 없다.

이렇게 두 가지 대책을 내놓자 고객들이 피시방에서 보내는 시간이 훨씬 증가했다.

그 결과, 나는 손님들에게 좋은 평판을 받았고, 팁 성격의 공짜 식사를 자주했으며, 동종업계 알바생 중 가장 많은 급여를 받기에 이르렀다.

점차 내가 출근하는 시간에는 사장님이 얼굴을 안 비치는 날이 늘어나기 시작했다. 나는 한 번도 시급을 올려달라는 말을 해본 적이 없다. 다만 나의 미래를 위해 주인의식을 가졌을 뿐이다. 군 입대로 피시방을 그만둬야 했을 때, 사장님이 내게 건넨 아쉬움 가득한 말씀이 지금도 기억난다.

"영준아, 너는 내가 겪은 우리나라 최고의 피시방 알바생이다. 절대 빈말이 아니야. 혹시 졸업하고 생각이 있으면 우리 피시방에서 근무해라. 알바 말고 사대보험 넣어주는 정직 매니저 시켜줄 테니, 꼭 찾아 오거라."

이 이야기는 치과 직원들에게 자주 들려주고 있다. 이처럼 치과 상담자 역시 마땅히 치과매출에 대한 책임감을 가져야한다. 상담실 장은 오너가 매출 관리라는 중요한 중책을 맡긴 포지션이다. 이 자리는 오직 실적과 결과로만 이야기해야 한다. 백번 양보해서 좋은 결과물을 만들지 못할 경우, 최소한 최선을 다하는 모습이라도 보여줘야 한다. 환자를 놓칠 때는 스스로에게 화를 낼 수 있는, 악착같은 승부 근성이 필요하다.

십여 년 전이다. 내가 나름 신경 써서 상담을 잘했다고 여겼던 모 학원 강사가 있었다. 그 학원 강사는 정작 중요한 치료는 보류하고 고민하는 자세를 유지했다. 몇 번 권했지만 요지부동이었다. 나는 오기가 생기기 시작했다.

한 달에 한 번씩 안부 전화를 했다.

"**치과입니다. 선생님 잘 지내셨어요?"

그분이 곧장 말했다.

"아이쿠, 치과 가야하는데 내가 학원 일로 너무 시간이 안 나서요."

별 이야기도 안하고 안부 전화를 했지만, 그 학원 강사는 마음속에 켕기는 것이 있는지 바로 치료를 미루는 핑계를 댔다.

이렇게 일 년 동안 안부 전화를 했지만 그분은 치과를 찾지 않았다. 나는 상담일지를 펼치고 그제서야 그 이름을 마음에서 지웠다. 어느 새 일년이 지났고, 나는 운좋게 치과 컨설턴트로 승승장구를 하고 있었다.

그런 어느 날, 핸드폰이 울렸다. 치과 실장을 찾는 낯익은 목소리가 들려왔다. 기억이 나지 않는데, 분명 어디에선가 들었던 간절한 목소리였다. 그 순간 그가 누구인지를 알 수 있었다. 바로 그 학원 강사였다. 곧바로 상담일지를 펼쳐서 그의 이름을 찾았다. 그에 대한 상담 기록을 보고 입을 열었다.

"아, 예전에 **치과에서 앞니 브릿지 치료했던 환자시죠? 학원 강사하신다는 분 맞죠?"

"아직도 절 기억하시는군요."

그분은 자신을 기억해주고 있다는 점에서 무척이나 반가워했다. 나 역시 잊지 않고 다시 연락을 준 게 너무나 기뻤다. 나는 다른 일을 하고 있었지만 그분을 배려해 예전 치과에 잘 인계해 주었다.

"제가 지금 환자분이 다니시던 치과에 근무하지 않습니다. 그렇지만 제가 그 치과에 잘 이야기해놓겠습니다. 마음 편하게 환자분이 예전에 치료받았던 치과를 내원하실 수 있도록 제가 그 치과 실장님에게 잘 전달드려 놓겠습니다."

이 환자가 2년을 뛰어 넘어 나에게 전화를 준 이유가 뭘까? 그것은 일 년간 안부 전화를 했던 나의 정성을 잊지 않았기 때문이다. 귀찮기도 했겠지만 기억에는 또렷이 남았을 터, 안부 전화가 없었다면 상담자로서 나에 대한 기억이 지워져버렸을 것이다. 여기서 끝이 아니다. 그 환자가 전화를 해왔을 때, 나는 상담일지를 잘 간수하고 있었던 탓에 전화 상담을 잘 이끌어갈 수 있었다. 그리고 나는 예전 치과를 퇴직했지만 그 환자를 위해 그 치과의 실장에게 환자를 인계해 주었다.

일류 상담자에게 무엇보다 먼저 요구되는 것은 책임감과 프로의식이다. 이것이 없으면 환자를 대하는 태도가 안이하다. 우리는 종종 운동 경기를 보러간 관중들이 선수들에게 야유를 하고, 실망하는 경우를 볼 수 있다. 본래 운동 시합이라는 게 승패병가지상사라고해서 이기는 날도 있고, 지는 날도 있다. 그런데 팬들은 왜 화를 내고 욕을 할까?

이는 단순히 시합에 졌기 때문이 아니다. 그 진짜 이유는 선수가 프로답지 못한 모습을 보이기 때문이다. 이미 승패의 추가 기울었다고, 대충 몸 사리는 선수의 모습에서 실망감을 느끼기 때문이다. 이는 역으로 프로 선수들은 지는 게임에서도 최선을 다하는 모습으로 감동을 줄 수 있다는 말이다. 이렇듯 상담자는 결과에 상관없이 투지를 갖고 최선을 다하는 상담자가 되어야한다.

책임감과 프로의식을 가진 상담자는 좋은 결과를 당장 만들지 못하더라도 오너에게 희망을 줄 수 있다. 실력은 노력하면 늘 수밖에 없다. 이는 변하지 않는 진실이다. 단, 실력이 늘어나는데 많은 노력과 시간이 요구된다. 애석하게도 오너가 상담자의 실력이 늘 때까지 기다려주기가 결코 쉽지 않다. 따라서 중요한 것은 바로 상담자의 책임감과 프로의식이다. 이것만 있으면 오너는 끝까지 믿고 기다려준다.

환자의 선입견을
바꾸려하지 말라

"원장님 치과대학 어디 나오셨어요?"

간간이 환자들로부터 듣는 질문이다. 처음 이 질문을 접했을 때 나는 무척이나 당황했다. 그때는 상담자로서 경력이 많지 않았다. 나는 왜 그런 질문을 하는지 이해가 되지 않았다. 의사가 입시 학원의 강사도 아닌데 왜 그런 걸 묻는지 의아했다. 그래서 환자의 도발성 질문에 다소 흥분이 된 나는 상담을 잘 이끌지 못했다. 결국, 그 환자는 다른 병원으로 발길을 옮겼다.

십여 년이 지난 지금 나는 많이 변했다. 이제는 환자가 원장님의 출신 학교를 묻는 질문에 눈썹 하나 까닥하지 않는다. 환자의 심리를 잘 파악하기 때문이다. 환자가 의사의 출신 학교를 묻는 이유는 양질

39

의 치료를 받기 위해서다. 그래서 이왕이면 높은 레벨의 대학교 출신 의사를 원하는 것이다.

이는 상담자의 생각과 결코 벗어나지 않는다. 상담자 또한 환자에게 최상의 치료를 해드리려고 하기 때문이다. 이렇듯 환자가 원하는 것과 상담자가 최선을 다해 해드리려는 것이 정확하게 일치한다. 따라서 상담자는 출신 학교를 따지는 환자의 생각을 고치려고 할 필요가 없다.

'출신 학교가 좋으면 진료를 잘 할 것이다'라는 환자의 생각은 일종의 선입견이다. 그런데 병원은 환자를 치료하는 곳이지 환자의 선입견을 고치는 곳이 아니다. 섣불리 환자의 선입견을 문제 삼았다가는 환자가 곧바로 상담실을 나가고 말 것이다.

그렇다면 어떻게 선입견을 갖고 있는 환자를 치료받게 할 수 있을까? 제일 중요한 게 환자 선입견의 프레임을 부정하지 말라는 것이다. 환자의 프레임을 그대로 받아들이면서 역이용하는 것이다.

신규 환자가 "원장님 어느 학교 나왔어요?"라고 질문을 던진다고 하자. 이는 앞서 언급했듯이 조금 더 지명도가 있는 대학출신 의사가 진료를 더 잘 할 것이라는 그들만의 기준 때문에 나오는 질문이다. 따라서 상담자는 이렇게 응수하자.

"환자분께서 질문하시는 것을 보니까 진료 실력이 좋은 의사님을 원하시나보죠?"

이렇게 해서 환자 선입견의 프레임에서 환자가 궁극적으로 원하는 것을 끌어내자. 환자는 당연히 고개를 끄덕인다. 만약 내가 모시는 원장님이 실력은 좋으신데 지방대 출신이라고 가정하자. 이때는 이렇게 말하자.

"당연히 서울대가 좋죠. 하지만 아셔야할 게 있습니다. 우리나라에 치과대학은 딱 11개가 있습니다. 기본적으로 치과대학에 들어가는 사람은 다들 수재들이지요. 수능에서 한개 틀리면 서울대 치대에 들어가고, 수능 때 컨디션이 좋지 않아 두세 개 더 틀리면 지방대 치대로 들어갑니다. 그러니까 서울대 치대와 지방대 치대 차이가 생각하시는 것보다는 크지 않다는 걸 말씀드리고 싶네요. 저는 책임감 있게 정성껏 치료할 뿐만 아니라 실력이 좋은 저희 원장님을 권유해드리고 싶습니다. 곁에서 봐서 알 수 있습니다. 우리 원장님은 환자분에게 최고의 진료를 해드릴 것입니다."

그러면 환자가 어떻게 나올까? 아무도 말 한마디 대꾸하지 않는다. 다들 그러냐고 하면서 수긍한 후, 여기 원장님에게 진료를 받고 싶다고 말한다. 이렇듯 환자의 난공불락처럼 보이는 선입견의 프레임과 맞서지 않고, 그 대신 그것을 역이용함으로써 상담을 성공시킬 수 있다.

환자들에게서 자주 발견되는 또 하나의 선입견이 있다. 나이 어린 의사는 진료를 잘못할 것이라는 점이다. 자신의 소중한 몸 치료를 맡기는 환자로서는 의사의 경험이 궁금해지지 않을 수 없다. 충분히 이해가 간다. 가능하면 연륜이 많은 의사에게서 진료를 받고 싶어한다.

막상 나이 어린 의사를 접하면 의사 진료 실력에 대한 의구심을 품게 된다. 이런 일이 비일비재하다.

하지만 환자의 이런 생각은 합리적 근거가 없는 것이다. 젊은 의사여도 분야에 따라 신기술의 경우 오히려 더 탁월한 임상 경력을 갖고 있고 또 열정적으로 진료를 하는 경우가 많다. 나이는 의사의 진료 능력에 대한 절대적인 기준이 될 수 없는 것이다.

그러면 어떻게 이런 환자의 선입견에 대응하면 좋을까? 가장 좋은 방법은 환자가 의사의 나이를 묻는 질문을 미리 차단하는 것이다. 애초에 환자가 의사 나이를 물어보지 않도록 장치를 만드는 것이다.

30대 초반에 동안을 가진 원장의 치과가 있다고 하자. 그러면 환자가 머무는 대기실을 최대한 활용하는 게 좋다. 대기실의 벽면에 초등학생 조카와 함께 찍은 원장 사진을 붙여놓자. 직원들만 그 둘이 부자지간이 아니라는 걸 알 뿐, 환자들은 알 길이 없다. 게다가 조카면 또 닮기까지 하다. 그래서 다정하게 찍은 원장과 조카 사진을 본 환자는 이렇게 생각할 것이다.

'초등학생 아들을 뒀나 보네. 여기 원장님은 40대 정도일 거야.'

이렇게 되면, 환자는 애초에 의사 나이를 물어볼 생각을 하지 않는다. 이렇듯 환자의 잘못된 선입견은 예방과 봉쇄 작업으로 수고를 덜 수 있다.

상담자는 수많은 각양각색의 환자들을 접한다. 그러면서 상담자가 겪는 고충 가운데 가장 큰 것은 뭐니뭐니해도 환자의 잘못된 선입건이다. 초보자는 변명을 하거나, 허둥지둥하면서 제대로 대처를 하지 못한다. 이는 환자 선입견의 프레임 필드로 빨려 들어갔기 때문이다.

실력 있는 상담자는 다르다. 환자의 잘못된 선입견의 프레임을 그대로 받아들인다. 그러곤 그것을 역이용하여 내 필드로 끌어들인다. 전투에서도 기본은 내가 유리한 환경에서 싸우는 것이다. 최대한 내게 유리한 환경을 만들고 상담에 임해야 성공률이 그만큼 더 높아진다.

호감과 권위를
느끼게 하라

상담자는 환자를 잘 설득해 치료 동의를 얻어내려는 분명한 목적을 가지고 있다. 따라서 상담자는 환자에게 좋은 인상을 주도록 노력해야한다. 환자가 상담자의 첫인상을 보고, 호감을 갖지 못하면 그만큼 상담 결과에 좋지 않은 영향을 미치는 것은 부정할 수 없는 사실이다.

사람은 보통 첫인상으로 상대에 대한 호불호를 결정한다. 우리나라 사람은 불과 3초 만에 상대를 보고 호감을 갖거나 아니면 비호감을 갖는다. 이는 다른 나라 사람보다 매우 빠르다. 첫인상을 판단하는데 미국인은 15초, 일본인은 6초가 걸린다. 우리나라 사람은 순식간에 외적인 면을 보고 상대를 판단해 버리는 경향이 짙다.

여기에는 심리학적인 이유가 있다. 인지적 구두쇠(cognitive miser) 이론에 따르면, 사람들은 상대를 파악할 때 최소한의 노력으로 빨리 인식을 결정지으려는 성향을 가지고 있다. 사람은 상대를 판단하는 데 많은 노력을 하지 않는다는 말이다. 상대를 처음 봤을 때 순간적으로 접하는 것으로 금방 판단해버린다. 옷, 헤어스타일, 표정, 체격, 자세, 말투 이런 것으로 말이다.

로버트 치알디니의 『설득의 심리학』에 따르면, 재판을 할 때 피의자가 외모가 좋으면 형량이 적어지고 그렇지 않으면 형량이 늘어나는 경우가 실제로 있다고 한다. 냉철한 이성으로 판결을 하는 재판관조차 사람의 외모에 좌우된다는 것을 알 수 있다. 또 있다. 정치인 선거에서도 신체적으로 매력적인 후보가 그렇지 않은 후보에 비해 더 많은 유권자의 표를 받는다고 한다. 이는 사람들이 호감적인 외모에 무의식적으로 이끌리기 때문이다. 이렇게 해서 호감적인 외모로 사람을 설득할 수 있다는 '호감의 원칙'이 정립되었다.

따라서 상담자는 환자가 호감을 느낄 수 있도록 해야 한다. 이를 위해 꼭 준비해야할 것은 네 가지이다. 첫 번째는 기본 중의 기본인 의복이다. 단정한 수트 차림을 하여, 격식 있는 아우라를 연출하는 게 좋다. 자신이 편하다고 캐주얼 복장을 하는 순간, 환자의 마음이 떠나고 만다. 물론, 스티브 잡스처럼 청바지에 터틀넥이 통할 수가 있다. 하지만 이 경우에는 그 복장을 커버할 만한 지명도나 권위가 높은 사람이어야 한다.

두 번째는 온화한 표정이다. 이는 하루아침에 만들어지지 않는다. 아무 말도 하지 않지만 표정만 봐도 마음이 따뜻해지는 사람이 있다. 항상 미소를 잃지 않기 때문이다. 상담자 또한 잔잔한 미소가 배어나는 표정을 지어야한다.

세 번째는 말투다. 지나치게 빠르거나 높은 톤의 목소리는 좋지 않다. 이는 환자로부터 거부감을 자아내게 한다. 가능하면 천천히 낮은 톤 목소리로 말을 하는 게 좋다. 낮은 톤은 신뢰를 준다. 그런 말투에 환자는 쉽게 마음의 문을 연다.

네 번째는 체격이다. 체격 또한 환자의 입장에서 생각해보면 답이 나온다. 왜 보통 엄마들이 딸의 애인을 볼 때 많이 마른 사람보다는 약간 통통한 사람들을 좋아할까? 아무래도 많이 마른 사람들은 예민하다고 여기기 때문이다.

환자는 상담자의 인성을 매우 중요시한다. 그렇다면, 마른 체형과 듬직한 체형 중에 어느 쪽이 더 유리할까? 사람들은 뚱뚱한 사람을 보면 후덕해 보인다, 착해 보인다는 말을 하지 않는가? 당연히 상담자는 듬직한 체형을 하는 게 좋다. 오래 전 상담실장을 하던 때, 나는 지금보다 14kg이 더 나갔었다. 그때는 뚱뚱했으니까 인상이 후덕해 보였다. 그래서 환자들이 무척이나 나에게 호감을 갖고 대했다. 특히 주부와 할머니에게서 내 인기가 식을 줄 몰랐다. 한 주부는 자신의 등산모임에 나를 초청하기조차 했고(큰 체격 때문에 등산이 무척 힘들었다), 한 할머니는 손주 딸을 소개해 주겠다고 하시며 조카사위 같다고 어김없이 치료를 동의했다.

호감의 원칙을 잘 활용하면 어지간한 환자는 상담자에게 이끌리게 되어 있다. 그런데 이것만으로는 부족하다. 환자들과 상담을 할 때 호감도 외에도 중요한 요인들이 있기 때문이다. 환자들은 이런 생각을 한다.

'이 상담자, 치료비 재량권을 가지고 있나? 어느 정도 치료비를 낮춰줄 수 있는 직책인가? 힘없는 상담자라면 괜히 시간만 낭비하겠네.'

따라서 상담자는 환자에게 적극적으로 영향력이 있다는 점을 보여줘야 한다. 높은 직책을 갖고 있는 권위를 보여주는 방법으로 환자의 설득을 이끌어낼 수 있다.

그 이유는 '권위의 원칙'으로 설명할 수 있다. 이는 사람들이 권위자에게 복종하려는 성향을 갖고 있기 때문에 권위를 내세우면 쉽게 사람을 설득시킬 수 있다는 것을 말한다. 로버트 치알디니는 '권위의 원칙'에 대해 다음과 같이 말했다.

밀그램이 지적했듯이 권위자의 명령에 따르면 실제로 유익한 경우가 많다. 어린 시절에는 (부모나 교사처럼) 우리보다 더 똑똑한 권위자를 따르는 것이 확실히 유익하다. 그들이 더 지혜롭기도 하지만, 우리에게 상벌을 매길 권한을 가졌기 때문이다. 어른이 되면 권위자가 고용주나 판사, 정부 지도자 등으로 대체되지만, 역시 같은 이유로 이런 권위자들을 따르는 것이 유익하다. 권위자들은 사회적 지위 덕분에 더 많은 정보와 힘을 갖고 있으므로 그들의 요구에 따르는 것은 합리적이다.

따라서 상담자는 직급이 높아서 환자의 치료비 재량권을 가지고 있음을 보여주는 게 효과적이다. 이를 위해선 기본적으로 원장이 실장을 우대하고 실장에게 일정 정도 재량권을 부여해줘야 한다. 만약 상담자가 치료비 재량권을 갖고 있다면, 그것을 은근슬쩍 보여주자. 일부 상담자가 일반 스텝들과 다른 튀는 복장을 입는 것에는 그런 이유가 있는 것이다.

예를 들어 상담자가 나이가 어려보인다고 하자. 그러면 환자가 즉각적으로 그 상담자는 힘이 없을 거야라고 속단할 수 있다. 따라서 나이 어려보이는 상담자는 환자와 상담실에 앉아서 의도적으로 코디네이터에게 요청을 한다.

"여기, 차 두 잔 가져다주세요."

그러면 환자는 상담자의 직책이 높을 것이라고 생각한다. 이와 함께 무의식적으로 상담자가 치료비의 재량권을 가지고 있다고 생각하게 된다.

상담자는 환자를 설득하는 사람이다. 그렇다고 상담자가 환자를 이성적이고 논리적으로 대해서는 곤란하다. 그렇게 하면 절대 환자는 긍정적인 반응을 보이지 않는다. 상담자는 여러 말을 늘어놓을 필요가 없다. 상담자는 환자로 하여금 갈증을 느끼게 만들기만 하면 된다. 환자에게 '호감'과 '권위'를 느끼게 만들면 거의 8부 능선은 넘어왔다고 보아야 한다.

환자에게
시각적으로 보여줘라

모 임플란트 회사에서 남양주 지역 개원의들을 대상으로 주최한 강의를 할 때다. 치과 의사님, 치과 실장님 대상으로 한 강의였다. 강의 전날, 나름 강의 경력이 많던 나는 늘 하듯이 준비했다. 담당자에게 자료를 전송하고, 백업 데이터를 챙기고, 파워포인트를 최종 검토하는 등 강의 자료를 빈틈없이 준비했다. 그러곤 당일 날, 별 부담 없이 단상에 올랐다.

경험이 적다면 긴장을 했겠지만 자주 해왔고 익숙했기에 편안했다. 특히 그날 준비한 강의 파워포인트는 실전에서 수십 번을 반복했던 내용이었다. 직원들과 농담을 주고받으며 여유를 부렸다. 그러나 그것도 한순간이었다. 빔 프로젝트를 작동시켰는데 말이 듣지 않았다.

'이런 낭패가… 빔 프로젝트가 잘못되었네.'

몇 분간 끙끙댔지만 결국 허사였다. 나도 모르게 등줄기로 식은땀이 줄줄 흘렀다. 내 강의의 핵심 도구가 시각적 요소를 활용한 파워포인트이기 때문이었다. 강의를 할 때 파워포인트를 펼쳐 보이고 해야 했다. 청중은 내 얼굴을 보는 게 아니라 화면에 집중해야했다. 그런데 일이 잘못되고 말았다.

그날, 자칫 강의를 망칠 수 있었다. 경험이 없었다면 무너졌을 것이다. 나는 라이브의 묘미가 이런 것이며, 진정한 라이브 가수는 반주 없이도 노래를 한다고 너스레를 떨며, 여유로운 척 무사히 마무리를 지었다.

이날을 생각하면 지금도 등골이 오싹하다. 호소력 있는 강의의 핵심 도구가 바로 시각자료인데, 그것을 놓쳐버린 것이다. 숱하게 크고 작은 강의를 해온 나는 누구보다 시각 이미지의 중요성을 잘 알고 있었다. 강한 시각 이미지 하나는 백마디 말보다 더 막강한 영향력을 청중에게 미친다. 시각 자료를 통해 나는 여유 있게 말을 할수 있고, 내가 전달하는 말에 설득력을 배가시킬 수 있다.

미국의 작가이자 기자인 던컨 멕스웰 엔더슨은 말했다.

시선을 끄는 일보다 귀를 사로잡는 일이 열배는 더 어렵다
는 사실을 기억하라.

그래서 강의, 강연은 물론 프레젠테이션에서 필수적으로 시각 이미지가 따라온다. 세계적인 프레젠터 스티브 잡스의 프레젠테이션에서도 시각 이미지가 필수다. 그런데 환자와의 상담이라고 해서 예외가 될까? 상담실이라는 제한된 공간에서 환자와 대화를 나눌 때 마냥 입으로만 주절거려도 될까? 상담이 그렇게 호락호락한 것인가?

상담에서도 시각 자료가 매우 중요하다. 상담자의 말이 설득력 있게 전달되기 위해서는 반드시 시각 자료를 갖추어야한다. 환자에게 치아 상태를 설명하면서 치료를 받으라고 환자에게 말한다고 하자. 이때, 말로 시작해서 말로 끝나면 환자는 절실하게 치료의 필요성을 깨닫지 못한다. 이와 달리 말로만 하지 않고 두 눈으로 볼 수 있는 시각 자료를 제시하면 환자가 선뜻 치료받으려는 생각을 한다. 가령, 치료 전의 치아와 치료 후의 치아 사진을 보여주는 것이 한 방법이 될 수 있다.

수많은 상담을 해온 내가 개인적으로 제일 선호하는 시각 자료는 상담북이다. 상담북은 상담자마다 자신이 선호하는 치료 과정 설명 및 여러 가지 패턴의 시각적 예시가 들어있다.

사실, 환자마다 증상이나 상황이 다르다. 따라서 상담에 필요한 자료를 미리 준비 할 수가 없다. 이때 상담북이 매우 유용하다. 상담북은 어느 페이지에 어떤 자료가 있는지 잘 알기 때문에 빠르게 페이지를 넘기며 환자와의 소통이 가능하다.

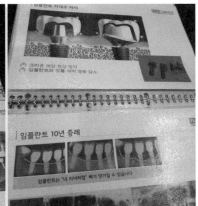

사진2 치과 상담실에서 사용하는 상담북

　　임플란트 상담을 한다고 하자. 그러면 환자에게 치료를 미루었을 때 들게 되는 시간적, 금전적 손실을 언급하는 것으로 끝내지 말아야 한다. 환자가 두 눈으로 볼 수 있는 이미지를 제시하자. 발치 후 오랜 기간 방치 시 손상 되는 치아 상태 사진을 보여드리는 것이다. 사진을 본 환자는 두 눈을 크게 뜬다.

　　"내 치아가 이렇게 된다 말이죠? 큰일 나겠네요. 더 미루지 말고 임플란트를 해야겠어요."

　　고가 임플란트를 추천할 때도 사진이 도움이 된다. 왜 환자가 고가 임플란트를 해야 하는지를 쉽게 이해할 수 있도록 사진을 보여드린다. 예를 들어 옛날 일반 익스터널 방식 임플란트에서 왜 뼈가 녹을 수밖에 없는지를 사진으로 보여드린다. 그 다음, 획기적으로 개선

한 형태의 임플란트의 자료와 논문 기사 등을 사진으로 보여드린다. 이렇게 해서 시각 이미지로 환자의 결정을 도와주면, 환자는 상급 품질의 임플란트에 마음이 갈 수밖에 없다.

이와 함께 만질 수 있는 시각 자료 곧 치아 모델도 상담에 많은 도움이 된다. 눈으로 보는데 그치지 않고 환자가 두 손으로 치아 모델을 만지작거리면 환자의 치료 동의율이 급격히 올라간다. 내가 프리랜서 상담실장을 할 때, 항상 이 모델을 가방에 넣고 다녔다. 방문한 치과에 상담 자료가 부족했기 때문이었다.

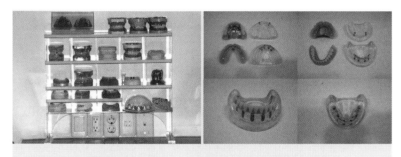

사진3 초기에 비용이 많이 들더라도 다양한 케이스의 모델을 준비하자.

개인적으로 선호하는 것은 일반적인 '우주선(생김새가 동그란 우주선처럼 생겨서 붙여진 이름)'보다 조명이 들어오는 우주선 모델이다. 지르코니아(Zirconia)와 포세린(PFM)의 빛 투과성 차이를 단번에 눈으로 확인시켜줄 수 있다.

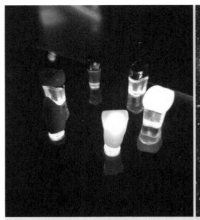

사진4 **조명이 투과되는 상담용 모델**

　백문이불여일견이라는 말이 있다. 두 눈으로 한번 보는 게 백 마디 듣는 것보다 낫다는 말이다. 상담자는 이 말을 새겨들어야한다. 환자를 진료실 체어에 앉히기 위해서는 백 마디 말을 쏟아낼 게 아니라 강력한 시각자료를 제시해야한다. 환자는 생생한 시각 자료를 접하면 마음의 결정을 내리는데 주저하지 않는다.

상담 기술은
기본 패턴에서 나온다

"빠르기만 했지 기술이 너무 부족했다. 창피할 정도였다. 나 같은 선수로 안 만들려고 흥민이에게 기본기 연습을 죽도록 시켰다."

한국인 유럽 프로축구 최다 골 기록을 달성한 축구 선수 손흥민 아버지의 말이다. 이제 손흥민은 아시아를 넘어 세계적인 스트라이커가 되었다. 그 비결은 아버지의 말을 통해 알 수 있다. 손흥민은 결코 타고난 축구 천재가 아니었다.

그는 평범한 재능을 갖고 있었지만 어릴 때 철저하게 기본기 훈련을 마스터했다. 그가 위치를 가리지 않고 슈팅을 터트릴 수 있는 것은 어릴 때 매일 여러 위치에서 수백 번 슈팅을 날리는 훈련을 했기 때문이다. 매일 오른발은 물론 왼발로 100회 이상 슈팅 연습을 했다. 이런 끝에 그는 기라성 같은 프리미어리그 축구선수와 어깨를 나란

55

히 하게 되었다. 손흥민의 아버지는 거듭 기본기를 강조한다.

"좋은 기술은 안정적인 기본기에서 나온다. 어릴 때는 기본기를 쌓고 축구를 즐기는 방법을 배울 때이다."

상담법을 강의하는 나 역시 마찬가지다. 연간 수천여 명의 치과위생사와 상담실장이 내 강의를 들으러 전국 방방곡곡에서 찾아온다. 그들에게 환자의 치료 동의율 높이는 상담법을 강의하는 내 자신도 무엇보다 중요시하는 것이 바로 기본이다. 어느 분야에서든 그곳에서 통용되는 기본이 있다. 그런데 이 기본을 완벽하게 마스터하는 사람과 그렇지 못하는 사람은 천지차이를 보인다.

어떻게 보면, 기본은 뻔해 보여서 반복 연습을 하려고 하면 싫증날수가 있다. 그래서 뭔가 새로운 것을 시도하려는 생각이 드는 게 당연하다. 상담의 진정한 고수가 되려면 이런 유혹을 떨쳐 내야한다. 검증된 기본 패턴을 완벽한 경지에 도달할 때까지 무수히 반복하여 몸이 기억할 수 있도록 만들어야한다. 나는 수많은 수강생들에게 이렇게 강조한다.

"저의 상담 강의를 들으러 오는 분이 참 많습니다. 대부분 치과위생사이지만 그들 중에 어느 정도 상담 경력이 있는 분들이 많이 있어요. 특별히 상담 경력이 있는 분들에게 말씀 드립니다. '만약 개념 원리 없이 방법을 습득하셨다면, 오히려 오랜 시간 잘못된 습관을 가지고 계실 수도 있습니다. 제 방식을 따라가고 싶으시다면, 이때까지 해온 방식을 비워주세요. 그리고 다시 새롭게 시작해주십시오'라고 말입니다. 이렇게 해서 그분들이 기초부터 차근차근 반복 연습을 하고 나면 예전보다 더 상담 성과가 높아졌다고 피드백이 옵니다. 좋은 상담 기술은 타고난 재주에서 나오는 게 아니라 반복 훈련한 기본 패턴에서 나옵니다."

상담자들이 반드시 익혀야 할 상담의 기본 패턴은 7단계로 이루어져있다. 이는 실제로 효율적인 상담을 위해 필요한 최소한의 기본 요소이며, 상담 고수들의 상담에서 공통적으로 발견되는 것이다. 상담의 기본 패턴 7단계는 필자가 원래 존재하던 과학적인 세일즈 패턴을 치과 쪽에서 적용할 수 있도록 가공한 것이다. 이렇듯 검증된 상담법을 순서대로 알아보자.

1단계: 내원 경로 파악과 친해지기

치과를 내원하는 환자는 몇 가지 유형으로 나눌 수 있다. 소개를 받아서 온 경우, 간판을 보고 온 경우, SNS 광고를 접해서 온 경우, 간판을 보고 오거나, 심지어는 옆 건물 간판을 잘못 보고 오는 경우 등이다. 상담에 앞서 내원경로 파악은 필수다. 내원 경로는 그날 그 환자의 상담 난이도를 결정하는 첫 단추가 된다.

여러 유형의 환자 중에서 소개 환자가 제일 상담하기가 쉽다. 이들은 비용을 대략 알고 있고, 좋은 인상을 가지고 내원을 한다. 즉, 큰 실수만 없으면 잡을 수 있다. 이와 달리 인터넷 광고를 보고 오는 쇼핑 환자의 경우 비용만 듣고 가버리는 일이 많다. 따라서 상담을 잘

하려면 우선 환자가 어떤 경로로 왔는지 잘 파악하는 게 중요하다. 상담자는 상담을 하기 전에 데스크의 도움을 받고 환자의 내원 경로를 인지해두어야 한다.

가령, 데스크 확인 결과 소개 환자가 아닌 경우라고 하자. 이 경우에도 "누구 소개로 오셨습니까?"라고 질문을 하는 게 상담에 효과적일 수 있다. 이때, 환자가 "나는 소개가 아니고 간판을 보고 왔는데요."라고 답을 하면 "아, 저희는 보통 소개 환자분들이 많으셔서 당연히 소개 환자분이신줄 알았습니다."라고 응수를 한다. 그러면 환자는 이 치과에 소개환자가 많이 온다는 프레임에 갇힌다. 그 결과, 비소개 환자의 치료 동의율에도 영향을 줄 수 있다.

그리고 치과 근처에서 온 환자에게는 "동네분이시군요. 잘해드리겠습니다."라고 하고, 먼 곳에서 온 환자에게는 "멀리서 오셨는데 신경 써서 해드리겠습니다."라고 각각의 환자 내원 경로에 맞게 말한다. 이렇듯 상담자가 환자와 말을 하기 전에 미리 환자의 내원 경로를 파악한 후, 그에 맞게 멘트를 날리면 상담자와 환자 사이의 거리가 크게 좁혀진다. 어떤 유형의 환자든 상관없이 상담자는 그 환자에 맞게 말을 할 수 있다. 이렇게 환자 유형에 맞게 대화를 이끌어 가면 환자는 상담자에게서 친밀한 감정을 가지게 된다.

2단계: 니즈 파악하기

상담은 상담자가 자기주장을 환자에게 주입하는 게 아니다. 상담은 환자의 욕구를 파악하고 그것을 구체화하여 해소시켜주는 것이다. 따라서 상담자는 자기 말을 늘어놓으려하지 말아야한다. 그 대신에 환자가 원하는 것을 파악해야한다.

상담자는 설득하는 사람이지 설명하는 사람이 아니다. 환자에게 세심히 주의를 기울이면 환자의 니즈를 쉽게 파악할 수 있다. 니즈가 없는데 일부러 들어오기 싫은 치과 문을 열고 들어오기가 쉽지 않기 때문이다. 치과를 찾은 환자에게는 '예뻐지고 싶다', '음식물이 끼는 불편을 없애고 싶다', '욱신거리는 아픔을 없애고 싶다', '음식물을 잘 씹고 싶다' 등 분명한 니즈를 갖고 있다.

3단계: 니즈 증폭하기

환자의 니즈를 알고 나서도 선뜻 환자의 치료 동의를 끌어내기 쉽지 않다. 이때 필요한 게 니즈 증폭이다. 니즈 증폭은 환자가 치료에 대한 욕구를 더 강렬하게 가질 수 있도록 하는 단계이다. 상담자가 어떻게 말을 해서 니즈를 증폭시키느냐, 그렇지 못하냐에 따라 환자의 치료 동의율이 큰 영향을 받는다. 따라서 상담자는 환자의 니즈 곧 욕구를 더 강력하게 만들어야한다. 예를 들면, 교정에 작은 관심을 가진 환자에게는 이렇게 말하자.

"지금도 예쁘신데, 치아가 가지런하면 훨씬 더 예뻐지시겠어요."

이렇게 욕구를 증폭시켜 주면, 외모관리에 관심이 많은 환자는 생각이 많아진다. 초조해지면서 고액의 치료비용을 지불할 자신의 명분을 찾고, 합리화에 들어간다. 치료에 대한 욕구가 커진다.

4단계: 치료 거절 요인 파악 및 거절 요인 차단하기

환자들에게는 치료를 방해하는 요인이 있다. 대부분의 환자들이 갖고 있는 기본적인 치료 거절 요인은 TPM(Time(시간), Pain(통증), Money(돈)) 세 가지다. 눈치 빠른 상담자는 세 가지 중에 어느 게 환자의 주된 방해요소인지를 파악한다. 보통 이렇게 질문을 하면 그것을 쉽게 알 수 있다.

"무엇 때문에 미루시다가 지금 치과에 오셨어요?"

이에 환자는 무서워서라는 이유, 시간이 없어서라는 이유, 돈이 없어서라는 이유를 털어놓는다. 그러면 각각의 경우에 맞게 준비된 멘트를 던져준다.

상담은 내 시나리오대로 환자를 끌어가는 것이다. 즉, 내가 던지는 질문은 내가 예측할 수 있는 범위 내에서 통제되어야한다. 여기서 더 나아가 좋은 상담이 되려면, 환자의 다음 질문이나 대답을 예측하며 적절하게 봉쇄해야한다. 따라서 거절 요인 차단을 위해 환자에게 이렇게 말하는 게 좋다.

"초등학생도 치료를 잘 받습니다."

— 무서워서라는 이유를 가진 환자에게

"고3 수험생들도 많이 치료 받고 있어요."

— 시간이 없어서라는 이유를 가진 환자에게

"나중에 치료를 하려면 몇 배 더 비용이 들겠어요."

— 돈이 없어서라는 이유를 가진 환자에게

호미로 막을 일 가래로 막게된다?

Before	단계	구강 내 상태	주요치료 및 처치	After	비용지수
	검진단계	비교적 양호	검진 & 스케일링		1
	충치1단계	검은색의 작은 점 or 선	스케일링, 충치제거, 레진치료(흰재료)		5.8배
	충치2단계	굵은 검은 선, 시림	스케일링, 충치제거, 인레인 치료(금땜)		14.5배
	충치3단계	구멍, 깨짐, 시림, 통증, 구취	스케일링, 충치제거, 신경치료, 크라운(금니)		24.9배
	충치4단계	치아파손, 무감각, 심한 통증, 구취	스케일링, 발치, 임플란트 식립		104.3배
	방치 단계	주변치아 감염, 통증, 뼈손실, 치아쏠림	스케일링, 추가 발치, 부분교정, 뼈이식, 임플란트 추가식립		209.8배

치료비용 지수 시뮬레이션은 상하좌우 4개 어금니 기준이며 실제와 차이가 있을 수 있습니다.

사진5 치료를 미룰 시 여러 가지 부담이 커진다는 점을 강조하는 표

5단계: 현상황의 문제점을 보여주고, 해결책 내놓기

환자에게 구강상태를 알려줘야 한다. 이때 시각자료를 적극 활용하는 게 좋다. 현재 치아 상태의 사진을 시각적으로 보여주고, 그 문제점을 생생하게 자각하도록 유도하자. 때문에 파노라마 사진 외에도 구강 내 DSLR 포토는 필수다. 선명하게 찍힌 충치사진을 모니터에 띄워야한다. 그러면 환자는 문제점을 대단히 심각하게 느낀다. 이때, 상담자는 마무리로 이렇게 말을 하자.

"구강 상태가 어떤지 잘 아셨죠? 어떻게 해야 할까요?"

6단계: 치료비용 제시 및 강력한 클로징을 통한 선택 유도하기

환자가 마음속으로 치료를 결정했기에 치료비는 아무런 문제가 되지 않는다. 환자는 기꺼이 치료비를 댈 마음의 준비가 되어있다. 따라서 상담자는 반드시 6단계에서 치료비를 꺼내야한다.

초보 상담자는 그렇지 못하다. 환자와의 첫 대면에서부터 좀전 예진실에서 의사가 말했던 치료 방법을 반복하고 막바로 치료비를 언급하는 경우가 많다. 초보 상담자는 여기 몇 개 치료를 해야 해서 치료비가 얼마라고 말한다. 이는 마치 환자에게 비용이 이렇게 나오는데 치료를 할래? 말래? 라고 윽박지르는 것과 결과적으로 같게 된다. 환자에 따라서는 매우 기분이 나쁠 수밖에 없고, 당연히 환자를 놓칠 가능성이 높아진다.

이 단계에서 환자는 조심스럽게 자신의 지출 여력 내에서 치료를 끝나기를 바라게 된다. 환자는 다른 치과의 비용, 준비된 금액 등에 대한 복잡한 심경에 빠지게 된다. 따라서 이 단계에서 상담자는 치료비용의 합리성을 인지시켜주면 된다.

7단계: 관계를 확립하고 당당하게 소개를 요구하기

일단 환자가 치료 동의를 하고 나면, 환자와 상담자의 관계가 특별해진다. 서로 같은 배를 탄 듯한 유대감이 든다. 상담자는 환자에게 책임감을 갖게 되고, 환자는 상담자에게 신뢰감을 갖게 된다. 이렇게 둘의 관계가 탄탄하게 만들어지고 나면 상담자가 환자에게 소개를 요청하기가 쉽다. 이렇게 말이다.

"제가 꼼꼼히 신경 쓰겠습니다. 대신 치료에 만족하신다면 주위 분들에게 우리 치과 많이 소개 좀 부탁드리겠습니다."

에이스 상담자의
습관 10가지

우리가 생각의 씨앗을 뿌리면 행동의 열매를 얻게 되고,
행동의 씨앗을 뿌리면 습관의 열매를 얻는다.
습관의 씨앗은 성품을 얻게 하고,
성품은 우리의 운명을 결정짓는다.

세계적인 베스트셀러 스티븐 코비의 『성공하는 사람들의 7가지
습관』에 나온 격언이다. 이처럼 우리의 성품은 본래 타고나는 게 아
니다. 우리의 성품은 근본적으로 습관의 복합체이다. 매일 반복하는
행동 하나하나가 모여 우리의 성품을 결정한다. 그리고 이 성품이 우
리의 운명을 결정짓는다.

이는 상담자에게 딱 들어맞는 말이다. 상담 시 환자가 치료를 결

정할 때 제일 중요하게 보는 게 상담자의 사람됨 곧 성품이다. 그로부터 어떤 인간미가 느껴지느냐에 따라 치료를 하기도 하고 그렇지 않기도 한다. 상담자의 성품이 상담의 성패를 결정짓는다. 실제로 환자의 높은 치료 동의율을 끌어내는 상담자는 공통적으로 사람을 잡아끄는 좋은 성품을 가지고 있다.

환자를 잡아끌 수 있는 좋은 성품을 갖추려면 어떻게 하면 될까? 방금 언급한 격언에 답이 나와 있다. 그렇다. 바른 '습관'을 만들면 된다. 이 습관이 오랫동안 축적된 상담자에게서는 환자를 잡아끄는 매력적인 성품이 있다. 내가 상담법 강의를 할 때 강조하는 '에이스 상담자의 습관 10가지'를 소개한다.

1. 상대가 특별한 존재라는 인식을 줘라.

치과에는 수많은 환자가 내원한다. 그러다보니 치과 직원은 반복적이고 기계적으로 환자를 응대하게 된다. 상담자 또한 마찬가지다. 이렇게 되면, 환자는 별 감흥을 갖지 못한다. 내가 이 치과에서 치료를 하나, 안하나 이 치과에 큰 차이가 없다고 생각한다. 자신이 수많은 환자 중 하나 일뿐이라고 생각하면 환자는 이 치과에서 꼭 치료를 할 이유가 없다.

따라서 상담자는 환자가 자신이 특별한 존재임을 느끼게 만들어야한다. 이렇게 해서 은근히 기분이 좋아진 환자는 치료를 하고자 한다. 김춘수 시인의 「꽃」에 나오는 이 시구를 기억해두자.

우리들은 모두
무엇이 되고 싶다.
너는 나에게 나는 너에게
잊혀지지 않는 하나의 눈짓이 되고 싶다.

상담자가 직접 관리하는 환자가 치과에 내원한다고 하자. 이때 상담자가 아무리 바쁘더라도 잠시 시간을 내어 환자에게 인사를 하면, 그 모습에 환자가 감동을 받는다. 이와 더불어 상담자가 다른 환자들이 없을 때 칫솔 하나를 더 쥐어드리고, 다른 환자분들이 선물해준 귀한 커피를 대접해준다면 더더욱 환자가 감동을 받는다.

나는 상담 중에 환자분에게 잠시 양해를 구하고 구환에게 인사를 하러 1분 정도 자리를 비우기도 한다. 그 환자에게는 결례로 비춰질 수 있지만 그게 전부가 아니다. 그 환자는 상담자가 구환을 챙기는 모습을 보고 신뢰도가 높아지고, 기꺼이 우리 치과의 구환 대열에 끼고 싶은 욕구를 가진다. 이와 더불어 인사를 못하고 가신 환자들에게는 전화를 드리거나 문자를 남기고 있다. 대부분의 환자들은 바쁘신데 신경 쓰지 않아도 괜찮다고 하지만, 대접받아서 기분 나쁜 사람은 없는 법이다.

2. 승리하는 시나리오를 가지고 테이블에 앉아라.

승리 조건을 사전에 파악해야한다. 최선과 차선의 계획을 가지고 테이블에 앉는다. 상황의 변수에 따라 목표가 변할 수 있지만 상담의 목적을 잊지 말아야한다. 모든 상담자의 궁극적인 목적은 환자의 치료 동의다. 초보 상담자는 상담 도중에 이런 저런 구실을 대면서, 상담 실패를 합리화하는 일이 있다. 절대 그래서는 안 된다. 이기는 시나리오를 가슴에 품고 환자를 대면하라. 당연히 변수가 발생한다. 그렇지만 경우의 수를 최대한 예측하고 준비한 사람과 준비 없이 당황하는 사람의 결과물은 너무도 다를 수밖에 없다.

3. 말을 아끼고, 최대한 경청하라.

지나친 목적의식 때문에 상담자가 말이 많아질 수 있다. 목표 수치가 아른거리는 통에 마음이 급하기 때문이다. 그럴수록 환자는 더더욱 마음의 문을 걸어 잠근다. 급할수록 돌아가라는 말이 있다. 상담자는 최대한 말을 줄이고 환자가 많은 말을 하게 하라. 그럴수록 환자를 공략할 빈틈이 보인다. 내가 하고 싶은 말을 환자의 입을 빌려서 환자 스스로 뱉을 수 있도록 만드는 것이 좋은 상담이다.

4. 먼저 제시하지 말라.

환자들이 제일 싫어하는 게 상담자의 통보 말투다. "치료비 ***나 왔습니다.", "추가 치료를 해야겠네요.", "지금 반드시 치료를 해야합니다." 이런 말투는 일방적으로 환자의 자율 의지를 꺾어 버려서 환자의 기분을 상하게 만든다. 상담자는 '예', '아니오'의 대답만 유도하는 '닫힌 질문'과 자유로운 답을 유도하는 '열린 질문'을 자유자재로 이야기할 수 있어야 한다. 사람은 원래 자기 의사 결정을 중시하는 동물이다. 때문에 상담자는 환자에게 강요보다 원하는 방향으로 선택을 유도해야한다.

5. 무리한 요구에는 텀을 줘라.

상담자는 자주 환자들의 어려운 부탁을 받는다. 환자는 비용이나 기간, 치료 방법 등 자신의 기준에서 여러 가지 요구를 한다. 때로는 상담자가 들어줄 수 없는 불가능한 요구도 한다. 한번은 노부부가 치과를 방문해서 난감한 요구를 한 적이 있다. 할아버지는 이미 65세 이상 노인 임플란트를 2개를 하셨다. 그런데, 할머니가 자신이 받는 임플란트 치료비 할인 혜택을 할아버지에게 적용해달라고 무리하게 요구했다. 환자 입장에서 그런 요구를 하는 게 이해가 되지만, 상담자 입장에서는 무척이나 당황스럽다.

이처럼 환자가 무리한 요구를 해올 때는 어떻게 하면 될까? 상담자는 고민하는 모습을 보여줌으로써 환자로 하여금 배려받는다고 느낌을 줘야한다. 상담자가 고민을 하지 않을 경우에는 곧바로 즉답이 나온다. 환자는 상담자의 즉답을 접하면, 마음의 배려가 없다고 느낀다. 환자는 이런 생각에 빠진다.

"뭐야, 전혀 신중하게 생각하지 않네. 너무 가벼워 보이잖아."

환자가 무언가를 요구하고 거절해야 할 때는 의도적으로 텀(term)을 가져라. 그럴수록 환자는 배려받는다고 느낀다.

6. 감정을 드러내지 말라.

상담은 일종의 협상이다. 누가 더 유리한 고지를 점하느냐를 두고 심리전을 펴는 것과 같다. 이때, 불편한 감정을 쉽게 노출하면 하수다. 환자가 상담자를 낮은 수준으로 여긴다. 일관되게 표정 변화 없이 환자를 대하라. 그러면 환자는 상담자의 말에 끌린다. 협상에서 감정이 드러나면 당사자는 손해를 볼 수밖에 없다는 금언을 잊지 말자.

7. 사람의 심리 본능을 활용하라.

로버트 치알디니의 『설득의 심리학』에 소개된 설득의 6가지 원칙이 있다. 상호성의 원칙, 희귀성의 원칙, 권위의 원칙, 일관성의 원칙, 호감의 원칙, 사회적 증거의 원칙이다. 이 원칙을 이용해 환자를 심리적으로 설득할 수 있다.

상호성의 원칙은 호의를 베풀면 호의가 돌아온다는 말로, 가는 정이 있어야 오는 정이 있다는 속담과 같은 의미다. 환자에게 호의를 베풀어야한다. 희귀성의 원칙은 마트에서 마지막 세일이라고 내세우는 것과 같은 의미다. 무언가 부족할 때 그것의 가치가 높아진다. "마지막입니다", "이것뿐입니다"라고 말하자. 권위의 원칙은 권위를 내세우면 쉽게 사람이 잘 따르는 것을 말한다. 앞서 언급했듯이 상담자의 직책을 폼나게 드러내자.

일관성의 원칙은 한번 동의를 하게 되면 일관되게 그것을 지켜간다는 말이다. 따라서 환자가 상담자로부터 무엇인가를 한번 받아들이면 또다시 받아들이기 쉽다. 호감의 원칙은 앞서 언급했듯이 보이

69

는 호감이 중요하다는 말이다. 호감도 있는 외모의 상담자가 유리하다. 사회적 증거의 원칙은 다수가 하는 행동을 따라하게 된다는 말이다. 상담자가 하는 "환자분이 사시는 아파트 주민 분들이 많이 치료를 받으셨어요."라는 말이 대표적이다.

8. 끝낼 수 있을 때 끝내라.

여기에서 일류와 삼류가 나뉜다. 일류는 끝낼 수 있을 때 끝낸다. 하지만 삼류는 미적거리면서 계속 끌어간다. 그러다 클로징 타이밍을 놓치고 만다. 과감하게 끝내야 할 때 끝내야 환자를 사로잡을 수 있다. 고객의 마음은 나비와 같다. 상담실에서 동의되었던 내용이 잠시 대기실에 앉아서 결재를 하려는 순간에 바뀔 수가 있다. 따라서 상담자는 무선 카드 단말기를 상담실에 상시 비치해 둬서 고객의 마음을 꽁꽁 동여매라.

9. 무수한 거절을 즐겨라.

거절을 두려워해서는 아무런 시도를 하지 못한다. 설령 거절을 당하더라도 신나게 깨지는 게 낫다. 이때 얻는 게 많기 때문이다. 일류 상담자는 하루아침에 만들어지지 않는다. 무수히 거절을 당하면서 깨졌고, 이를 통해 많을 것을 배웠기에 상담의 달인이 될수 있었다. 이와 함께 거절당할 수 있다고 마음을 비울 때 이외로 상담이 잘 풀리는 경우가 많다. 상담자는 환자의 거절 속에서 충분히 자신이 원하는 방향의 상담을 했는지 살펴봐야한다. 장기적으로는 결과보다 내용이 더 중요하기 때문이다. 일희일비하지 않고, 패턴을 잘 끌어가면서, 에러가 적었는지 살피는 것에 더 관심을 가지자.

10. 자신의 약점을 포용하라.

복기를 통해 자신의 현 역량과 장단점을 파악하고 실수를 줄여나가야 한다. 자신의 현 위치를 정확히 인지하는 것은 일류 상담자로서 가져야할 성장의 중요한 자세다. 일류 상담자에게도 약점이 있다. 하지만 그들은 그것을 인정하고 자기 갱신을 위한 끊임없는 노력을 했다. 수없이 상담 내용을 녹취 후 타이핑을 통해 복기를 하자. 타이핑을 하면서 그리고 복기된 출력물을 보면서 거듭 내 자신의 실수를 분명하게 파악할 수 있다. 자신의 실수가 잘 보이지 않을 때는 상급 고수를 만나 지도를 받자. 이렇게 하면 머지않은 시간에 상담자로서 성장한 자신을 발견할 것이다.

Dental Counseling

PART
02

환자 유형별
맞춤 상담

잘 잡는 것보다 놓치지 않도록
- 소개 신환 상담법

"옆에 사는 아파트 이웃의 소개로 왔어요. 그 이웃이 어머니회 모임에 임플란트를 하고 나타났는데 이 치과가 좋다고 하더라구요. 직접 두 눈으로 보니까 임플란트가 튼튼해 보이고 또 자연스럽고 예쁘더라구요. 그래서 이참에 나도 치아가 없는 두 군데에 임플란트를 해볼까 해서 왔어요."

이 주부님은 소개 신환이다. 지인을 통해 치과에 대해 잘 인지하고 내원했다. 치과를 찾아오기 전에 이미 치료비가 어느 정도인지를 파악했다. 상담자 입장에서는 치료 동의율의 결정적인 방해요소인 치료비 문제를 걱정할 필요가 없다. 따라서 이 소개 신환은 놓치기 쉽지 않다. 상담자에게 밥상을 차려준 것이나 마찬가지다. 수저만 들면 게임 끝이다.

하지만 이 환자를 어이없이 놓치는 경우가 있다. 왜 이런 일이 일어나는 것일까? 실제로 초보 상담자들이 밥상을 엎어버리는 일이 종종 있다. 이 소개 신환은 임플란트 두 개를 생각하고 그 비용만 준비했을 가능성이 높다. 따라서 치과에서 진료를 받고 나서 상담자를 만났을 때, 소개 신환은 단지 임플란트 두 개 비용을 언급한다. 이때, 아마추어 상담자는 이런 말을 함으로써 소개 신환을 당황하게 만든다.

"환자분은 뼈이식을 해야 합니다. 그리고 다른 중요 치료도 있고 치아 교합을 위해 치아를 깎아야 합니다. 이번에 임플란트를 하면서 다른 치료를 받는 게 좋습니다. 그래서 총 치료비가 두 배 더 나오네요."

상담자는 환자를 위하는 마음으로 꼭 필요한 추가 치료를 권했지만, 소개 신환은 예상한 비용에서 초과한 비용에 큰 부담을 느낀다. 환자는 예상한 것보다 높게 치료비가 나오면 좋지 않은 기분이 든다. 분명, 지인이 말한 치료비를 기억하고 있기 때문이다. 환자는 낭패감에 빠진다. 결국, 환자는 준비된 금액이 부족하기 때문에 치료 보류라는 선택을 한다.

이렇게 해서 소개 신환을 놓치는 우를 범하고 만다. 이런 일이 생기게 하지 않으려면 어떻게 해야 할까? 그러기 위해선 상담자가 소개 환자가 예상한 비용을 존중해줘야 한다. 아무리 진료 결과 추가 치료의 필요성이 생기더라도 이를 일방적으로 환자에게 통보하지 말아야한다.

만약, 추가 치료비가 발생한다면 환자에게 선택권을 부여해줘야한다. 이렇게 말함으로써 소개신환을 놓치는 일을 막을 수 있다.

"… 해서 치료비가 예상하신 것보다 최대 두 배까지 될 수 있지만 너무 걱정마시구요. 당장 급한 부분 치료 받으시면서, 괜찮으시면 천천히 저희 치과에서 추가 치료를 진행해 보시는 건 어떠실지요? 제가 앞으로 도와드리겠습니다."

이 말은 소개 신환에게 전혀 부담감을 주지 않는다. 소개 신환은 치료를 받아야할 치아 상태와 그 비용을 충분히 인지함과 동시에 예상한 비용에 맞게 치료를 할 수 있다는 안도감을 갖는다. 이렇게 되면, 소개 신환은 사실 놓치기가 더 힘들다고 할 수 있다. 예산안에서 치료를 시작하면서 충분한 기간을 가지고 천천히 준비할 여유를 줄수 있기 때문이다.

소개 신환은 치료 동의율이 매우 높지만 자칫 방심하면 놓칠 수 있다. 따라서 소개 신환에 대한 심리 분석을 하고 이에 대한 준비를 해둬야 한다. 소개 환자는 경험상 대략 다섯 가지의 생각을 가지고 있다.

'소개로 왔으니 잘 해주겠지'
'비용 대충 아는데 비슷하겠지'
'여기가 정말 그렇게 좋은가?'
'소개해준 사람을 기억하려나?'

상담자는 이에 맞게 소개 신환과 상담을 해야 한다. 여기서 소개 신환의 두 번째 심리, 곧 예상 치료비의 경우 앞서 주부의 예로 설명했는데 매우 중요하기 때문에 특별히 유의하자. 그리고 상담자는 소개환자의 성향이 동일하지 않는 것을 알아야한다. 상담자는 다음 다섯 가지 사항을 반드시 지키면서 상담을 해야 한다.

소개해 주신 분에 대한 정확한 파악

소개해주신 분에게 따로 감사 표시를 할 수 있다. 이와 함께 소개해주신 환자 기준에 맞추어 일관되게 소개 환자에게 치료 상담을 진행할 수 있다.

어떤 이유로 소개받아서 왔는지에 대한 질문

소개환자가 다른 치과를 놔두고 우리 치과로 온 이유를 알아야, 상담의 핵심 포인트를 잡을 수 있다. 합리적인 치료비 때문인가? 직원의 친절함 때문인가? 원장님의 실력 있는 진료 때문인가? 이 가운데 소개 환자가 치과를 찾게 만든 이유를 알아내야한다.

우리 병원은 왜 소개가 많은지에 대한 은근한 자랑

소개 환자에게는 다른 자랑이 필요없다. 우리 병원에 소개 환자가 많다고 하고 그에 대한 부연 설명을 한다. 그러면 소개 환자는 무릎을 탁 친다. 자신의 판단이 옳았음을 확인하기 때문이다.

소개로 오신 분들을 특별히 챙겨드리기

소개 받아온 환자는 뭔가 특별한 대우를 받기 원한다. 다른 환자와 똑같이 하면, 소개 환자는 다른 환자와 똑같이 되고 만다. 각별히 신경써드리고 있다는 것을 표시나게 해야, 소개 환자가 좋아한다.

소개해주신 분과 동일한 환경을 만들어주기

소개받았을 때의 정보에 맞춰서 상담을 해야 한다. 그래야 소개환자가 만족감을 얻고 돌아가서 소개해준 분과 치과에 대해 이야기를 나눈다. 더 나은 환경이 불필요하고 똑같은 환경을 조성해주는 게 최고다.

이 환자 인연일까? 우연일까?
- 비소개 신환 상담법

상담자가 제일 힘들어하는 환자가 바로 비소개 신환이다. 이 환자
는 인터넷 검색을 하거나, 소문을 접하거나, 지나가다가 간판을 보고
내원한 분이다. 여기에다 간판을 잘못보고 온 분도 있다. 실제로 건
물 하나당 치과 한 개가 있다 보니, 입구를 잘못보고 다른 치과를 찾
는 일이 가끔 있다.

이 환자들은 내공이 높은 상담자들도 붙잡기가 쉽지 않다. 원래
그렇다. 이들을 잡기란 보통 쉬운 일이 아니다. 비소개 신환을 척척
붙잡을 수 있다면, 그는 이미 상당한 수준의 실력을 갖고 있는 상담
자이다.

비소개 신환은 처음 치과를 찾았기에 치과의 모든 면이 평가 대상

이 된다. 치료비, 직원의 친절, 원장의 진료 실력 여기다가 인테리어 등 모든 면이 해당된다. 비소개 신환은 이 가운데에서도 특별히 중시하는 게 있다.

어떤 비소개 신환은 치료비는 크게 개의치 않아서 이런 생각을 갖고 내원한다.

'인스타그램을 보니까 인테리어가 너무 좋던데 한번 봐야겠어. 화려한 인테리어를 했으니 진료를 잘 할 것 같아.'

어떤 비소개 신환은 치료비가 문제가 되어 이런 생각을 갖고 내원한다.

'임플란트 가격이 66만원이라고 하던데 정말일까? 그 가격대 임플란트를 해도 괜찮을까?'

어떤 비소개 신환은 치과 이벤트에 현혹되어 이런 생각을 갖고 내원한다.

'칫솔 세트를 선물로 준다고? 치아에 문제가 없지만 한번 가봐야겠어.'

이렇듯 비소개 신환은 저마다 치과를 찾는 이유가 다르다. 상담자는 환자의 심리를 알 길이 없기에 답답할 수밖에 없다. 기본적으로 상담자는 아무런 정보가 없는 비소개 신환이 찾아오는 것을 대비해 잘 준비해야한다.

무엇보다 비소개 신환과의 상담 확률을 성공적으로 높이기 위해서 다음 4가지 정보를 미리 파악하는 것이 좋다.

- 치료결정권자가 누구인가?
- 얼마를 생각하고 오셨는가?
- 치료비로 쓸 수 있는 비용이 어느 정도인가?
- 어떤 방법으로 치료비를 지불하고 싶은가?

이를 통해, 비소개 환자가 내원한 이유 곧 심리를 파악해야한다. 특히 치료결정권자 파악을 미리 안했을 경우, 상담 마지막에 치료는 배우자, 혹은 자녀랑 상의해야 한다는 환자의 말로 막판 뒤집기 한수에 당할 수 있으므로 주의해야 한다. 하지만 설령 상담자가 비소개 신환이 치과를 찾은 이유를 알게 되어 그에 맞게 상담을 하더라도 곧장 치료 동의로 이어지지 않는다.

이는 세일즈 어느 분야에서나 동일하다. 가령, 저렴한 가스렌지를 구하는 주부에게 그 가격대에 맞는 제품을 파는 세일즈맨이 나타났다고 하자. 그러면 단박에 주부는 그 제품을 살까? 여전히 미지수다. 소비자인 주부에게는 가격대에 맞는 제품 이상의 것으로 세일즈맨과의 친밀감이 요구되기 때문이다. 주부와 세일즈맨 사이에 친밀감이 만들어지면, 주부는 백 프로 가스렌지를 구입한다. 그렇지 못하면 주부는 구입을 다음 기회로 미룬다.

따라서 우연히 처음 내원한 비소개 신환을 치료받게 만들기 위해선 친밀감 형성이 매우 중요하다. 비소개 신환은 상담자가 만족스럽게 상담을 하더라도 선뜻 치료를 동의하지 않는다. 때문에 비소개 신환에게 친밀감을 만들기 위한 준비를 해야 한다. 다음 두 가지를 꼭 기억하자. 이것만으로 비소개 신환은 마치 상담자를 예전부터 알고 있는 지인처럼 친밀감을 갖게 된다.

1. 공통점 찾기

나는 처음 치과를 찾은 중년과 어르신 환자에게는 선뜻 두 가지 질문을 하곤 한다. 첫 번째는 종교에 대한 질문이다.

"어떤 종교를 갖고 계십니까?"

이에 환자가 말하는 종교와 공통분모를 만든다. 기독교라고 하면 "저희 원장님이랑 사모님께서 교회를 다녀요"라고 하며, 불교를 말하면 "저도 불당에 다니고 있어요"라고 말한다. 사람은 본능적으로 공통점이 있을 경우 급속도로 가까워진다. 특히나 한국인에게는 종교 결속 문화가 강하기 때문에 같은 종교를 가진 사람이 만날 경우, 많은 동질감을 느낀다.

두 번째는 나이에 대한 질문이다. 이는 어르신에게 효과적인 질문이다.

"몇 년 생이십니까?"

접수 때 이미 파악이 되어있지만 한 번 더 질문하는 것이다. 이렇게 질문을 하면 출생 연도를 알려준다. 이때 여러 가지 카드를 준비해둔다. 환자 출생 연도가 내 부모님과 일치하면 더할 나위 없이 좋다. 이를 매개로 이렇게 말한다.

"우리 어머니와 갑장이시네요. 특별히 어머니처럼 잘 해드리겠습니다."

그러면 환자는 무척이나 좋아하며, 선뜻 치료를 동의한다. 한데, 환자 출생 연도가 내 부모님의 것과 다를 경우에는 주변 친척을 동원한다. 가령, 환자 출생연도가 부모님보다 몇 살 아래일 경우, 이모를 언급한다.

"아이고, 우리 이모님과 갑장이세요. 우리 이모님처럼 참 인상이 좋으십니다."

동질감은 무의식적으로 호감을 얻을 수 있는 방법이다.

2. 거울처럼 따라하기

이는 미러링 효과(Mirroring effect), 일명 동조효과라고 말한다. 상담, 협상의 달인은 누구나 이 방법을 사용하고 있다. 이는 인간이 무의식적으로 자신이 호감을 보이는 사람의 언어나 동작을 거울 속에서 비친 것처럼 따라하는 행위다. 이를 응용해 상대방으로부터 호감을 얻기 위해 의도적으로 상대방의 행동을 따라할 수 있다.

40대 직장인 신규 환자와 상담을 한 적이 있었다. 이 환자는 다소 거만한 태도로 이것저것 캐묻기만 했다. 상담이 잘 안될 듯했다. 특단의 조치로 거울처럼 따라하기를 하기로 했다. 환자는 대화하는 도중에 팔짱을 하는 게 습관이었다. 그것을 본 나는 의도적으로 간간이 팔짱을 꼈다. 그리고 그 환자가 차를 마실 때는 나도 그를 따라 차를 마셨다. 여기에다 그 환자가 핸드폰을 만지작일 때는 나도 핸드폰에 손을 가져다 댔고, 다리를 꼬을 때는 나도 그렇게 따라했다.

몇 분이 흐르자, 그의 표정이 달라졌다. 딱딱하던 표정이 온데간데

없어졌고, 얼굴에 화색이 돌았다. 그의 입에서 이런 말이 나왔다.

"이상하게 여기 치과에서 치료를 받고 싶어지네요. 선생님이랑은 말이 잘 통하는 것 같아요."

충성도 없는 구신환
- 구신환 상담법

'어머, 이 치과 아직도 하네.'
'오래 전에 왔었는데 기억하려나?'

이 환자는 예전에 치료 받았던 치과에 오랜만에 찾았다. 이 환자는 구환인데 충성도가 없기에 중간에 모습을 보이지 않았다가 새로 내원을 했다. 말 그대로 구신환이다. 이런 구신환이 늘수록 치과가 잘 되려야 잘 될 수 없다. 구환이 다니던 치과를 찾지 않는 이유로 개인적인 사정을 들 수 있다. 이는 치과에서 해결할 수 없다. 구환이 생기는 이유는 치과에서 찾아야한다. 두 가지 이유가 있다.

먼저, 치과의 구환에 대한 관심 부족이다. 이로 인해 환자가 다니던 치과에 내원하기를 꺼려하고 결국에 구신환으로 바뀌게 된다. 이를 그대로 방치한다면 어렵사리 확보해 놓은 구환들이 점점 치과를 찾지 않는다. 심각한 문제가 아닐 수 없다.

구환을 잘 관리하는 방편으로 치과는 꾸준히 관심을 보여줘야 한다. 이를 위해 주기적으로 전화를 해주는 것이 좋은 방법이다. 사람은 자신에게 진정한 관심을 가진다고 느끼면 기분이 좋아질 수밖에 없다. 자기를 잊지 않고 신경을 써준다는 것에 무척이나 고마워한다.

상담실장이라는 일을 정말 제대로 하고 싶다면, 2nd 전화기를 개설하라. 이것은 환자분들만 관리하는 전화기다. 필자의 경우 알뜰폰으로 월 300원이라는 기본료에 사용한 만큼 돈을 내는, 종량제 요금을 사용하고 있어서 부담이 없다. 요금이 저렴한 이유는 대부분 수신 전화이고, 와이파이 존에서 메시지를 보낼 수 있기 때문이다. 이와 함께 사생활 침해에 대한 부담이 없기 때문에 명함에 핸드폰 번호를 남길 수 있는 것이 장점이다.

여기에서 그치지 말고 보다 적극적으로 관심을 행동으로 보여주는 게 필요하다. 나는 구환의 직업을 파악한 후, 그에 맞게 도움을 주고 있다. 구환이 L사 휴대폰 대리점 점주일 때는 그곳에 가서 스마트폰을 개통해주었다. 그리고 구환이 인근 과일가게 사장님일 경우에는 명절 때 일부러 그곳에 찾아가서 과일을 샀고, 구환 주부의 남편 분이 정육점을 할 때는 마트에서 장을 보더라도, 고기만은 그 정육점에 따로 들러서 사곤 했다. 구환이 미용실, 식당일 때도 마찬가지다. 다른 곳을 제치고 그곳을 이용해주었다. 실제 있었던 사례를 소개한다.

모 구환은 동네 미용실을 하고 있었다. 원래, 나는 시내 프랜차이즈 헤어숍을 이용하고 있었지만 구환 관리 차원에서 동네 미용실로 옮겼다. 처음에는 동네 미용실에서 머리 손질하는 게 썩 기분이 내키지 않았다. 하지만 한 달에 한 번 그곳을 이용하자 점차 그곳에서 손질한 머리에 만족할 수 있었다.

그러자 미용실 원장은 정기 검진을 받으러 일 년에 한 번씩 꼭 치과를 찾았다. 단골 환자가 된 셈이다. 여기서 끝이 아니었다. 그 원장은 미용실 고객들에게 우리 치과를 홍보해 주었다. 미용실 원장은 말했다.

"이렇게 신경써주는 치과인데 내가 손님들에게 홍보해주는 게 당연하죠."

모 구환은 치과 근처에서 식당을 하고 있었다. 이 환자가 우리 병원에 찾지 않을 때는 직원들의 회식 자리가 딱 정해지지 않았다. 서너 군데 다니면서 회식을 했다. 그런데 이 환자가 식당을 하는 것을 알게 된 후, 치과 직원의 회식 자리는 그 식당으로 정해졌다. 그러자 그 환자는 고맙다면서 식당에 치과 홍보용 물티슈를 비치해서 손님들에게 나눠주었다. 당연히 식당을 찾은 손님들이 우리 치과를 많이 찾았다. 식당 주인이 말했다.

"아휴, 경기가 어려운데 돕고 살아야죠. 우리 식당을 찾아주는 만큼 저도 치과 홍보 잘해드릴게요."

이렇게 하면 구환이 절대 치과에서 멀어지는 일이 없다. 환자와 치과 사이에 끈끈한 유대감이 생겼기에 다른 곳으로 발길을 돌릴 염려가 없다.

다음, 치과에 대한 환자의 불만이다. 자주 찾아주는 환자니 알아서 오겠지 하고 안일하게 응대하면 발길을 뚝 끊어버릴 수 있다. 따라서 항상 치과를 찾는 환자의 치과 만족도에 대한 모니터링을 게을리 하지 말아야한다. 직원 응대, 상담, 원장의 진료, 치료비, 대기실 분위기 등 모든 면에서 꼼꼼하게 체크하여 환자의 만족도를 유지시켜야한다.

그래도 어쩔 수 없이 충성도가 떨어진 구신환이 생긴다. 이런 환자가 갑자기 치과를 찾았을 때 상담자는 신경을 써서 응대해야한다. 먼저, 구신환은 예전의 치료비를 기억할 가능성이 높다. 따라서 그 치료비로 해드려야 한다. 다음, 구신환은 전에 다녔던 치과이기에 자신을 잘 해주겠지라는 생각을 한다. 따라서 상담자는 그 환자를 기억하고 특별히 해드리도록 노력해야한다. 만약, 상담자가 환자를 기억하지 못한다면 티를 내지 않는 게 좋다.

구신환과 상담을 할 때는 다음 네 가지를 반드시 지켜야한다. 이렇게 하면 구신환을 충성도 높은 환자로 만들 수 있다.

이전 치료에 대한 만족도 파악하기

환자가 치과를 찾지 않은 이유는 치료에 대한 만족도 저하일 가능성이 매우 높다. 따라서 이에 대한 정확한 모니터링을 하자. 그래야 새로 찾은 환자에게 만족도 높은 치료를 제공할 수 있다.

우리 치과에 오래 다니는 이유를 파악하기

다니던 치과를 오랜만에 찾은 환자에게는 치과로부터 얻는 이점이 있다. 이점이 있기에 다른 치과로 가지 않고 해당 치과를 찾았다. 따라서 그 이점을 파악하여, 그 환자에게 잘 응대해야한다. 의외로 그냥 귀찮아서, 다니던 곳을 계속 다닌다는 환자분들이 은근히 많다. 긍정적 관계를 유지해 보도록 노력하자.

믿고 다니는 분들은 더 마음이 간다고 말하기

환자를 기억해주고 특별하게 챙기고 있음을 어필한다. 환자의 기분이 좋아질 수밖에 없다. 새로 찾는 치과에서는 이런 기분을 절대 얻을 수 없다. 당연히 구환은 치과를 더 자주 찾는다.

원장님이 구신환에게 특별히 진료한다는 것을 말하기

원장님이 각별히 구신환을 챙기고 있음을 언급한다. 원장님이 오랜만에 찾은 환자를 기억하고 있으며, 신경 써서 치료한다는 점을 말해준다. 환자 입장에서는 자신의 치아를 치료 해본 치과 원장이 더 믿음이 가는 게 당연하다.

기대치가 있는 VIP 환자
- VIP 환자 상담법

"환자가 괜히 화를 내서 상담이 힘들어요."

새로 배정된 신입 상담자가 내게 하소연을 했다. 어떤 일 때문에 환자가 화났는지 궁금했다. 혹시 컴플레인 환자가 아닐까하는 우려를 하면서 급히 상담실로 향했다. 그런데 이게 웬걸, 그 환자는 평소 무척이나 점잖으신 중년 남성이었다. 사업가인 그 환자는 우리 치과의 VIP 환자였다.

그 환자는 다수 임플란트 환자였으며, 치료비에는 조금도 신경 쓰지 않았다. 치료비가 얼마든 상관하지 않고 오직 최고 품질을 요구했다. 그래서 수천만 원대의 치료비가 나왔다. 이후로 꾸준히 정기적으로 검진과 함께 추가 치료를 받고 있었다.

직감적으로 그 환자가 화를 낸 이유를 알 수 있었다. 재빨리 전화를 걸었다.

"사장님, 제 실수로 새로 온 담당자에게 전달사항을 알리지 못했습니다. 제 실수입니다. 너그러이 이해해 주시옵고 앞으로 제가 잘 모시겠습니다."

그러자 수화기 너머로 부드러운 목소리가 흘러나왔다. 이 환자는 결코 갑질을 하는 게 아니었다. 이 환자에게는 VIP로서 특별대우를 해줘야 했다. 그런데 신입 상담자가 그렇게 하지 못했다. VIP 환자는 모든 치과에서 특별 관리를 하고 있다. 그 이유는 VIP 환자가 치과의 막대한 매출을 책임지고 있기 때문이다.

이 환자가 화를 내는 이유는 정말 단순했다. 그동안 기존 상담자가 추가 지출이 없게 주차할 수 있도록 눈치껏 조치를 한 반면에, 신규 상담자는 원칙적으로 딱 1시간만 주차권을 지급했기 때문이다. 원칙은 존중하되 유연해야 한다. 이 환자는 수천 만 원의 치료비용과 별도로 방문 때마다 거의 매번 간식을 사오시고, 또 소개환자를 상당히 많이 보내주신 분이었다. 사람은 작은 것에서 감동을 받듯이, 마찬가지로 작은 것에서 상처를 받는다. VIP 응대는 디테일의 싸움이다.

상담자는 마땅히 VIP 환자에게 특별하게 상담을 해야 한다. 다른 환자와 같이 상담을 한다면 VIP 환자가 기분이 좋을 수 없다. VIP 환자와 상담을 잘 하려면 우선 VIP 환자의 심리를 파악하는 게 선행되어야한다.

마케팅 관점에서 볼 때, VIP 고객에게는 세 가지 심리적 특징을 가지고 있다.

자부심이 강하다.

VIP 고객은 은근히 자신은 남과 다른 특별한 존재라는 생각을 하고 있다. 그래서 자신을 특별히 선택적으로 대우하는 걸 좋아한다.

가치를 중시한다.

VIP 고객은 일반고객과 달리 가격에는 전혀 신경을 쓰지 않는다. 오로지 자부심을 드러낼 수 있는 가치를 중시한다. 그래서 희소성 있는 명품을 중시한다.

복잡한 곳을 꺼린다.

VIP 고객은 프라이버시가 침해당하는 것을 매우 싫어한다. 대중에 속하면서 제품을 구매하는 것을 꺼려한다. 이들은 자신을 일반인에게 노출하지 않는 여유로운 개별 공간을 선호한다.

이러한 마케팅에서의 VIP 환자의 심리는 곧 치과의 VIP 환자 심리와 같다. 따라서 내가 접해본 수많은 VIP 환자들은 치과에 내원할 때 공통적으로 이런 생각을 품고 있었다.

'*실장 어딨어?'

93

'직원들이 당연히 나를 알아보겠지.'

'쟤는 인사를 안 하는 것 보니 신입이군.'

'내가 여기서 쓴 돈이 얼만지 알아?'

'대기 시간이 있어?'

자부심 강하고, 가치를 중시하며, 복잡한 것을 꺼려하는 VIP 고객의 심리가 고스란히 드러나고 있다. 자부심이 강하기에 자신을 특별히 대우해 주기를 바라고 있다. 특히나 대기 시간을 몹시 꺼려한다. VIP는 절대 대기한다는 것을 상상도 하지 못한다. 이를 상담자가 잘 인식하고 있어야한다.

상담자가 VIP 환자의 치료 동의율을 높이기 위해서는 상담을 할 때 다음 다섯 가지를 지켜야한다.

VIP 환자로부터 갑질을 당하지 않도록 주의해야한다.

적정선에서 대우해줄 것은 대우해주되, 그 선을 넘지 말아야한다. 그러면 VIP 환자가 갑질을 하는 게 되고 만다. 이는 어느 누구도 바라지 않는 일이다. 그리고 VIP는 단지 돈을 많이 지불하기 때문에 무조건 그에 맞춰 줘야하는 대상으로 보지 말아야한다. VIP에는 그에 맞는 품격 있는 웅대가 마땅히 따라가야 하는 것이다. VIP에는 그 수준에 맞게 집중적이고 관심 있는 대우로 웅대해야한다.

특별한 관심을 보여줘라.

VIP 환자는 자부심이 하늘을 찌를 듯하다. 그러니 이 환자를 각별히 신경써서 관심을 가지고 있음을 드러내라. 기회가 있을 때마다 특별대우를 하고 있음을 보여줘라. 별것 없다. 내원 시 인사드리고, 만약 인사를 못하면 추후 연락을 드리면 된다. 데스크 직원의 이런 말도 VIP에게 특별대우를 느끼게 한다.

"실장님과 인사 못하고 그냥 보내드리면, 실장님께 혼납니다."

특별한 대우는 절대 과다한 할인이 아니다.

VIP는 가격 할인보다 서비스와 치료의 퀄리티를 중시한다. 절대 가격 할인으로 VIP 고객의 마음을 사려고 하지 말라. 이는 오히려 VIP의 자존심을 상하게 하는 역효과를 낸다. 그리고 VIP는 많은 비용을 지불하는 환자이며, 원장님의 지인이나 친척으로 와서 치료비용을 많이 할인하는 환자는 VIP가 아니다.

반드시 상담실장을 찾도록 하라.

VIP 환자에게는 일반 상담자보다는 실장이 더 격에 맞는다. 환자 스스로 실장과 상담을 해야 대우를 받고 있다는 느낌을 갖는다. VIP 환자는 반드시 상담실장이 모셔야한다. 간혹, 중요한 VIP의 경우에는 원장님이 직접 관리를 하는 일이 많다.

특별한 관계성을 유지하라.

VIP 환자에게 특별 관리하고 있음을 보여주자. 이렇게 해서 VIP 환자와 상담자 사이에 돈독한 관계를 만들자. 그러면 VIP가 상담실에 들어오는 순간부터 모든 게 일사천리다.

치료 생각 없이 비용만 물어본다면?
- 쇼핑 신환 상담법

"실은 치과 몇 군데 다녀봤어요. 교정하려면 한두 달도 아니고 최
소 2년간 치과를 다녀야 하잖아요. 그만큼 치료비가 높아서 신중히
결정하려고요. 여기는 치료비가 얼마에요?"

쇼핑환자의 말이다. 쇼핑환자는 여러 군데 치과를 다니면서 치료
비를 비교하는 특징을 보인다. 특히, 교정 환자 가운데 쇼핑 환자가 많
다. 이들은 발품을 팔아서 여러 치과를 비교한 후에 한곳 치과를 결정
한다. 따라서 쇼핑환자를 대하는 상담자의 스트레스가 이만저만이 아
니다. 치료비만 묻고 다른 곳으로 가버리는 경우가 많기 때문이다.

쇼핑 환자의 심리는 공통적으로 이렇다.

'여기도 비싸면 다른데 또 가봐야지.'

'여긴 얼마나 나오려나? 무조건 싸게 해야지.'

'아까 가본 치과에서 나한테 제대로 말해준 게 맞나?'

'다닐수록 치과는 참 헷갈리네.'

'일단 안한다.'

이런 쇼핑환자를 안일하게 응대하지 말아야한다. 아무리 쇼핑환자라고 해도 상담을 잘하면 치료 동의율을 높일 수 있다. 물론, 소개신환이 동시에 걸려있다면 당연히 소개신환에 집중을 해야 한다. 작더라도 확실한 점수를 쌓는 쪽이 리스크가 적으며 큰 득점을 하는 것보다 우선이다. 어렵게 득점을 하고 쉽게 실점을 하면 의미가 없기 때문이다.

일단, 쇼핑 환자에게 에너지를 집중할 충분한 상황이 된다면 상담자는 초조하거나 당황스러운 표정을 짓지 말아야한다. 여러 치과를 다녀봤는데 여기는 왜 이렇게 비싸냐는 식으로 말하더라도 편안한 표정을 잃지 말아야한다. 이로부터 실마리를 풀 수 있다.

한번은 한 아주머니가 딸과 함께 내원해서 말했다.

"막내딸 교정을 하려고 치과 몇 곳을 다녀봤어요. 오늘은 여기는 어떤가 해서 찾아왔어요."

이에 나는 당황하지 않았고, 한술 더 떠서 이렇게 말했다.

"소중한 따님을 위해서 여러 곳을 알아보는 게 당연하죠. 제가 좋은 치과 두 곳 소개해드릴까요? 길 건너 A치과는 원장님 실력이 좋으신데 우리 치과와 비용이 비슷하고요, 옆 빌딩의 B치과는 가격이 저렴하지만 원장님이 교정 전문의가 아닙니다."

그러자 아주머니가 반색을 했다.

"아휴, 그런 걸 다 알려주시다니 여기 치과도 환자 많이 받아야하지 않겠어요? 어찌됐건 좋은 정보 고맙습니다."

이렇게 해서 그 아주머니는 나에게 호감을 가지게 되었다. 그 아주머니는 경쟁 치과를 험담하기는커녕 칭찬하고 소개해주는 것에 놀라는 듯했다. 이런 상담자는 그 어디에서도 만나지 못했을 것이다. 그 아주머니와의 대화가 순탄하게 잘 이어졌다.

하지만 역시나 그 아주머니는 쇼핑환자였다. 치료를 결정하지 않았다. 그 아주머니가 자리에서 일어나 딸의 손을 잡고 치과 입구를 나서려고 했다. 이때, 초보 상담자였으면 옷소매라도 잡고 애걸복걸했을 테지만 난 절대 그렇게 하지 않았다. 여유 있는 표정을 지으며 아주머니에게 여운을 남겨주었다.

"다음 주에 확인 연락드릴게요. 어디 결정했는지 궁금해서요."

그 아주머니의 반응이 어떻게 나올까? 다음 주에 전화를 하자, 그 아주머니는 신경써줘서 고맙다며 우리 치과에서 치료를 받기로 했다. 이 사례에서처럼 쇼핑환자라고 해서 결코 상담자가 난감해할 이유가 없다. 상담자의 노력에 따라 얼마든지 쇼핑환자를 붙잡을 수 있다.

붙잡기 힘들다는 쇼핑환자가 치료 동의를 하려면 다음의 세 가지가 요구된다.

상담자의 편안하고 침착한 자세

상담자는 많은 쇼핑환자들 때문에 골머리를 앓고 있다. 그래서 쇼핑환자를 대하는 상담자의 마음이 편하지 않다. 빨리 나가버렸으면 하는 마음이 생긴다. 그러면 상담자가 긴장해지고 그럴수록 더더욱 쇼핑환자는 치료를 받지 않는다. 이와 반대로 여유롭게 쇼핑환자를 대하는 자세에서, 쇼핑환자로 하여금 치료를 결정하게 만드는 실마리를 풀수 있다.

경쟁 치과 칭찬하기

대개 상담자들은 경쟁 치과를 험담하는 게 익숙하다. 하지만 이를 당연시하면 안 된다. 쇼핑환자에게 나쁜 이미지를 주게 된다. 절대 경쟁 업체를 비난하지 말아야한다. 환자가 알아보고 다니는 경쟁 치과는 경쟁자이기 전에 소중한 내 고객의 선택 후보들이다. 따라서 쇼핑 환자에게 상담자의 호감을 주기 위해서는 경쟁 치과를 칭찬해주는 게 좋다. 경쟁 치과를 선뜻 추천해주는 상담자를 쇼핑환자는 스치듯 잊어버리지 않을 것이 분명하다.

마지막 여운 주기

처음부터 직설적으로 우리 치과에서 치료받기를 권하지 않는 게 좋다. 사람은 다가서면 멀어지고, 멀어지면 다가서는 존재이다. 따라서 다음 주에 전화를 드리겠다고 하는 게 좋다. 이보다 좀 더 적극적으로 한다면, 이렇게 말하는 게 좋다.

"어렵게 발걸음 하셨는데 우리 치과에서 잘 해드릴게요."

핵심은 노골적이지 않게 잔잔한 여운을 남겨주는 데 있다.

구환은 관리가 생명이다
- 구환 상담법

"＊＊치과 교정과 책임자로 새로 부임한 김영준 부장입니다. 이번에 환자들에게 전화를 드려 불편한 사항을 직접 듣고자 전화 드렸습니다."

"… 저정말요?"

20대 여성 환자가 내 말을 선뜻 믿지 못하는 듯했다. 다시 내가 입을 열었다.

"다름 아니라 환자 리스트를 조사했는데 치료 기간이 3년 이상 너무 길어진 분들이 있더라구요. 그러면 시간과 비용 면에서 손해가 많이 나잖아요? 환자님은 별다른 이유가 있었습니까?"

환자가 한숨을 내쉬더니 말을 이어갔다.

"부장님께는 마음 놓고 말을 할 수 있겠네요. 치료가 왜 늦어졌나

하면요. 작년에 치료 도중에 …"

그 여성 환자가 봇물 터지듯이 말을 토해냈다. 그동안 환자는 억울했지만 어디에서도 하소연하지 못했다. 자신의 소중한 몸을 치과 병원에 맡겨서 치료받는 입장이다 보니, 함부로 쓴소리를 하기 쉽지 않을 터였다. 결국, 그 환자는 치과에 내원해서 나와 상담을 받기로 예약했다.

상담하는 날, 나는 최대한 환자의 말에 경청했다. 환자가 불편했던 점, 치과에 바라는 점 등을 하나하나 접수했다. 그러곤 앞으로 내가 교정과 담당자로서 책임을 지고 몇 달 내에 치료를 마치게 해드리겠노라 했다. 그러자 그 여성 환자가 분을 삭이면서 이렇게 말했다.

"솔직히 저는 치과에서 방치되었다는 생각을 했거든요. 그런데 오늘 상담을 해보니, 마음이 달라졌어요. 무척 안심이 됩니다. 더 늦지 않게 교정 치료를 끝내야겠어요. 많이 도와주세요."

이 환자를 비롯해 교정 치료가 늦어진 환자들에게 일일이 전화를 드렸다. 그러곤 치과에서 상담을 이어갔다. 그러자 다들 자신을 챙겨준다는 점에 대해 무척이나 고마워했다. 이렇게 해서 치료가 지연된 환자들이 모두 치료를 잘 마칠 수 있었다. 이와 더불어 컴플레인 고객을 아군으로 만들자 소개환자가 늘면서 교정과 매출이 전년도 대비 두 배나 뛰어올랐다.

교정 환자는 최소 일 년 반에서 이년간 치과를 찾는 구환 곧 단골 고객이다. 상담자가 매너리즘에 빠지면 이 환자들이 제때 치료를 하지 못하는 일이 생긴다. 더러 다른 곳으로 옮겨버리기도 한다. 따라서 구환 곧 단골 고객에 대한 관리가 중요하다.

기업 경영에서는 단골고객 관리(Loyalty Management)가 크게 부각되고 있다. 기업 입장에서는 수익 극대화를 위해 단골 고객을 관리하는 게 필수적이다.

세계적인 컨설팅 기업 베인 & 컴퍼니는 단골 고객을 세 가지로 특징지었다.

기업이익 창출의 핵심 요소

단골 고객은 총 고객의 15~20%이며, 이들이 기업 수익의 70~80%를 창출한다. 이는 20:80 법칙으로 설명할 수 있다. 전체 결과의 80%가 전체 원인의 20%에서 일어나는 현상을 말한다. 이는 일명 '파레토의 법칙'이라고 한다. 이탈리아 경제학자 빌프레도 파레토가 이탈리안 인구 20%가 이탈리아 전체 부의 80%를 가지고 있다고 주장한 것에서 유래했다.

관리 비용이 저렴

신규 고객 한명을 확보하는 데 드는 비용이 단골 고객을 관리하는 비용에 몇 배가 든다. 또한, 신규 고객에게 감동을 주기가 여간 쉬운 게 아니다. 이에 비해 단골 고객은 조금만 정성을 기울이면 쉽게 감동을 받는다. 그리고 단골 고객 한명을 잃어버렸을 때 드는 손실이 신규 고객 한명의 손실 보다 평균 5배가량 크다.

애프터서비스 비용이 저렴

애프터서비스 운영 비용은 수익성 낮은 일회성 고객들에게서 생긴다. 홈쇼핑 업체에서 골머리를 앓고 있는 게 반품인데, 이는 일회성 고객들에게서 발생한다. 따라서 단골고객을 많이 확보하면 애프터서비스 운영비를 크게 줄일 수 있다.

이러한 기업의 단골 고객 특징 세 가지는 그대로 치과의 구환에 적용된다. 첫째, 구환은 치과 이익 창출의 핵심요소이다. 치과 매출의 80%를 구환 20%가 책임지고 있기 때문이다. 둘째, 구환 관리 비용이 저렴하다. 신환 한명을 만드는데 비해 구환을 관리하는 비용이 적기 때문이다. 셋째, 애프터서비스 비용이 저렴하다. 구환은 일정한 충성도가 있기에 거의 환불을 요구하지 않는다. 따라서 치과에서는 구환을 각별하게 관리해야한다.

상담자가 특별히 구환을 관리하는 요령 두 가지를 소개한다. 먼저, 치과 내에서다. 직원이 구환이 왔다고 하면, 상담자는 하던 일을 중지하고 나가서 응대해야하는 건 기본 중의 기본이다. 그리고 구환이 치료를 끝내서 나갈 때는 데스크 담당 직원에게 상담 실장이 인사 드려야 하니 조금만 기다려 달라고 말하도록 시키자. 좀 엄살을 떤다면 이렇게 말하도록 해도 좋다.

"아버님, 이대로 그냥 가버리시면 우리 실장님에게 죽어요."

다음, 치과 밖에서다. 나에게는 치과 직업 원칙이 있다. 치과 회식은 반드시 구환의 가게에서 하는 것이다. 개인적으로는 닭발을 먹지 못하지만, 그래도 구환 닭발 집에서 회식을 열고 있다. 구환 사장님에게 일부러 이렇게 말한다.

"사장님, 저는 닭발을 먹지 못하는데 남기더라도 기분 나빠하지 마세요."

그러면 구환 사장님은 실망은커녕 자기를 이렇게 신경 써주고 있다는 점에서 오히려 크게 감동을 받는다.

내게 구환 상담 요령에 대해 묻는 분은 아마추어 상담자다. 구환 상담의 99%는 이미 구환 관리가 결정하기 때문이다. 전혀 관리 되지 않는 구환은 이미 구환이 아니다. 반면에 잘 관리된 구환은 치과의 충성 고객이다. 따라서 상담이 술술 진행된다. 다시 한번 강조하지만 구환 상담은 관리가 생명이다!

구환의 치료 계획이 변경된다면?
- 치료 변경 구환 상담법

"간단히 레진 치료하면 된다고 했잖아요. 근데 왜 또 신경치료를 하냐고요. 안 해도 될 거까지 치료하는 건 아닙니까? 환자를 봉으로 아는 거 아닙니까?"

감정이 격해진 구환이다. 이 환자의 경우, 막상 치료를 하려다 보니, 충치가 너무 깊어서 신경이 노출되었다. 그래서 부득이 신경치료를 해야만 했다. 하지만 상담자가 이를 구환에게 알렸을 때는 너무 늦어버렸다.

환자의 입장에서는 처음의 치료 계획이 변경되었다는 것 자체에 너무나 화가 날 수밖에 없다. 다른 데도 아닌 의료 기관인 치과에서 처음에 세운 치료 계획이 변경된다면, 환자는 이를 받아들이기 쉽지 않다. 치과 의사의 실력에 대한 불신이 생기는 것과 함께 바가지를 쓰는 게 아닌지 의구심을 떨쳐내지 못한다.

하지만 치과에서 치료 계획을 변경하는 일이 비일비재하다. 이는 의사의 실력 때문도 아니고, 바가지를 씌우려고 하기 때문도 아니다. 이는 막상 치료를 하는 도중에 미처 발견되지 못했던 것이 발견되기 때문이다. 특히, 1차 검진 시 얕은 충치로 판단해서 인레이 진단으로 충치를 제거해보니 내부가 더 심각한 경우 신경치료와 함께 크라운으로 넘어가는 일이 자주 있다. 따라서 경우의 수를 사전에 충분히 납득시켜야 하는 게 당연하다. 그런데도 아무렇지 않게 별것 아닌 일로 생각하는 상담자가 있다면 큰 문제가 아닐 수 없다.

문제는 이로 인해 환자의 클레임이 크다는 점이다. 아무리 상담자가 잘 설명하려고 해도 환자는 선뜻 받아들이지 못한다. 그 이유가 어찌됐건 간에 고객으로서 환자는 기분이 나쁠 수밖에 없다. 가령, 집에 새로 인테리어를 한다고 하자. 인테리어 회사가 애초에 말했던 비용이 있는데, 공사를 시작하자 이런저런 이유를 대면서 추가 비용이 있다고 말한다고 하자. 그러면 화가 나지 않을 고객이 누가 있을까?

치료 계획 변동에 구환은 신뢰를 잃게 되고 배신감마저 갖고, 다른 치과로 가버리기도 한다. 이처럼 치과에서 종종 생기는 치료 계획의 변동으로 생기는 환자와의 마찰을 어떻게 방지하면 좋을까? 치료 계획 변동으로 인해 생길 수 있는 환자의 클레임을 원천적으로 막을 수 있는 방법은 세 가지다.

추가 치료 가능성을 고지하기

이는 사고 터지기 전에 예방하는 요령이다. 충치 환자의 인레이 치료를 할 경우, 치료비용을 설명할 때 이렇게 말하는 게 좋다.

"환자의 경우 충치가 안 깊으면 그냥 인레이로 끝납니다. 그런데 충치가 너무 깊어서 신경까지 닿아있으면 신경치료를 해야 해서 추가 비용이 발생됩니다. 추가 비용은 … 최대한 신경을 살릴 수 있도록 노력하겠습니다."

이렇게 하면 추가로 신경 치료를 받더라도 환자는 당연하게 받아들인다. 이 방법은 클레임 원천 차단 효과가 크다. 이때, 원장님도 환자가 반발감이 생기지 않도록 거들어주는 게 좋다. 이런 말이 환자의 마음을 편하게 만든다.

"안타깝지만 충치가 너무 깊어서 신경치료 들어가야겠습니다."

추가 비용을 받지 말고 대신 생색을 내기

한 환자의 충치 8개를 레진으로 치료한다고 하자. 이렇게 충치가 많으면 치료 도중에 큰 충치 사이에 숨어있는 작은 충치가 발견되는 경우가 종종 있다. 이때, 한 개의 작은 충치가 발견되었다고 하자. 이 경우 한 개의 충치 치료를 추가해야한다. 이때는 치료 계획 변경을 설명하되, 추가 비용을 받지 않는다고 말하는 게 좋다.

"큰 충치 사이에 작은 충치가 한 개가 발견되었습니다. 이것은 애매한데 그냥 넘어갈수는 없어서 같이 치료해 드리겠습니다."

이 방법은 신뢰를 지키면서, 소개 환자를 받을 수 있는 이점이 있다. 물론, 치과에서는 비용을 받고 싶다. 하지만 치과에서는 미리 충치를 발견 못한 실책이 있다. 따라서 환자를 납득시키고 달래가며, 그 비용을 받기보다는 차라리 과감한 투자라고 생각하고 미래를 보는 쪽이 낫다. 진료 계획의 수정은 환자의 신뢰도를 크게 떨어뜨린다는 사실을 명심하자.

치료 필요성을 설명하되 한 템포 쉬어가기

치료 도중에 새로 치료해야할 충치가 발견되었다고 하자. 그러면 치료 계획을 변경하는 부담감을 안으면서까지 당장 치료를 권할 필요가 없다. 우선, 예정된 치료 계획대로 치료를 마치는 게 중요하다. 그리고 나서 환자에게 이렇게 말하자.

"작은 충치가 하나 발견되었습니다. 오늘은 예정대로 치료를 다 마쳤고요, 다음 검진 때 진행 여부를 봐서 치료를 해야겠습니다. 계속 관찰해보겠습니다."

환자는 두 번 세 번 치과를 방문하기를 원하지 않는다. 그 자리에서 흔쾌히 작은 충치를 치료해달라고 한다. 그렇지 않은 경우, 다음 기회에 충치를 해도 된다. 이 방법은 한 템포 쉬어가기다. 당장 치료를 하지 않더라도 환자는 조만간 치료를 한다. 따라서 상담자는 부득이하게 치료 계획을 변경할 일이 생길 때, 긴급한 상황이 아니라면 다음으로 치료를 연기하는 것이 좋다.

이벤트로 내원한 환자는?
- 이벤트 환자 상담법

'사은품은 뭐지?'

'딴 건 안해야지.'

'진짜 확실히 싼 거 맞아?'

이런 생각을 갖고 있는 환자는 이벤트 때문에 내원했다. 이 환자는 치과에 갈 생각을 전혀 하지 않았다. 그런데 치과에서 내세운 이벤트에 혹해서 내원을 한 경우다. 소위 이벤트 마케팅에 걸려든 셈이다. 평소, 치과에 갈 생각을 하지 않던 환자도 치과에서 이벤트를 하면서 상품과 할인 혜택을 준다고 하면 치과를 가고 싶어진다.

개인적으로 이벤트 마케팅을 선호하지는 않지만, 실제로 이벤트

111

를 통해 많은 환자를 끌어 모을 수 있다 보니 특히 온라인 마케팅에 집중하는 치과는 자주 활용을 하는 편이다. 대표적인 사례가 수능 이벤트다. 수능을 마친 고3학생들에게 진료비 할인과 무료 치석제거 스케일링을 내걸 수 있다. 이렇게 하면 시간적 여유가 생긴 고3 학생들은 치과를 내원할 가능성이 높다. 이와 더불어 치과 입장에서는 성인이 될 고3 학생 환자를 미리 확보할 수 있다. 한번 치과를 내원하면, 대학생 때는 물론 직장인이 되어서도 쭉 내원하게 된다.

하지만 이벤트 환자는 일회성으로 끝날 가능성이 높은 것이 사실이다. 선물과 할인 혜택만 받고 다시는 치과를 찾지 않을 수도 있다. 치과 입장에서는 금전적으로 적지 않는 비용을 투자해 이벤트를 열었는데, 이렇게 되면 손실을 볼수 있다. 따라서 상담자는 이벤트 기간에 평소보다 많이 내원한 환자와의 상담을 잘 준비해야한다.

상담실에서 대면한 환자가 종종 이런 말을 하는 경우가 있다.

"요즘 경기가 어렵다고 하는데 치과도 많이 힘든가 보네요. 굳이 이런 이벤트까지 해서…"

이렇듯 환자가 치과에서 이벤트를 하는 것을 잘 이해하지 못할 수 있다. 이에 당황하지 말고 침착하게 대응해야한다. 이벤트는 환자를 많이 끌어 모으는 차원에서 하는 것이지만 굳이 그것을 사실대로 밝힐 필요가 없다. 상담자는 한 차원 뛰어 넘어, 그럴듯한 명분을 제시하는 게 좋다. 치과의 면도 서고 환자도 기분이 좋아지도록 말이다.

만약 고3 학생을 데리고 온 주부가 이벤트를 하는 이유가 뭐냐고 하면 이렇게 말하면 된다.

"고3학생들이 그동안 공부하느라 얼마나 고생했겠습니까? 우리 치과에서는 고3학생들에게 수고했다고 격려하고, 미리 대학 합격을 축하드리는 차원에서 이벤트를 하고 있습니다. 그래서 이번 이벤트는 오로지 수험생에게만 해당됩니다."

추석맞이 이벤트를 할 때도 마찬가지다. 내원한 어르신이 이벤트를 굳이 할 필요가 있느냐고 하면 이렇게 답하자.

"어르신은 우리 치과의 부모님이나 다름없습니다. 그래서 추석을 맞이해 정성껏 작은 선물을 준비했습니다. 어르신, 오래오래 건강하세요."

이런 식으로 따뜻한 명분을 내걸면, 환자는 이벤트를 잘 받아들인다. 환자는 치과에서 환자를 끌어 모으려는 본래의 이벤트 취지에 거부감을 갖지 않는다. 절대 명분을 무시하지 말라.

상담자는 병원의 좋은 이미지를 남기기 위해, 이벤트 환자와 상담을 할 때는 다음 네 가지를 반드시 지켜야한다.

역마진 느낌이 들게 하라.

이벤트는 철저하게 알리는 목적이기 때문에, 역마진임을 강조한다. 각종 구강 제품, 음식 그리고 할인 혜택을 푸짐하게 제공하는데도 환자는 당연하게 여길 수 있다. 그래서 환자는 특별히 대우받는다고 느끼지 못할 수 있다. 따라서 상담자는 손해를 보면서 환자에게 잘 해드리고 있다는 점을 필히 어필하자. 핵심은 양질의 제품을 저렴하게 공급할 때 효과가 있는 것이다. 전문용어로 로스리더(Loss leader) 마케팅 전략이라고 한다.

"이렇게 많은 것을 해드리면 남는 게 하나도 없고요 오히려 손해를 보고 있습니다. 하지만 우리 치과에서는 환자를 모시는 마음으로 진료하고 있기에 특별히 잘 해드리고 있습니다."

이런 멘트에 어느 환자가 감동을 받지 않겠는가? 환자는 이벤트 기간이 지나서 치과를 찾아오는 충성고객이 될 수도 있다.

내원 환자 모두 기분 좋게 돌아가게 하라.

이벤트 기간에는 갑자기 많은 환자가 몰린다. 그러다 보면, 정신이 없어서 직원들은 물론 원장님도 일부 환자를 소홀히 대할 우려가 있다. 이와 함께 간혹 사은품이 떨어지는 일이 있다. 이런 일이 없도록 만반의 준비를 해야 모든 환자가 흡족해한다. 만약 준비가 안 되었다면, 명함을 전달하며 다음번에 준비해드릴 테니 꼭 다시 내원해 달라고 부탁을 해도 된다.

관계의 끈을 만들고 활용하라.

일단 한번 찾은 환자는 어떻게 해서라도 충성고객으로 만들어야 한다. 이러한 목적의식을 갖고 환자와 상담을 하자. 이때, 환자와 친밀한 대화를 통해 유대감을 만들어 놓는 게 필요하다. 이렇게 해두면, 상담자는 주기적으로 환자에게 전화를 하는 게 용의하다. 이로써 그 환자를 충성고객으로 만들 가능성이 높아진다.

이벤트의 희소성을 강조하라.

이벤트는 본질적으로 시간에 제한이 있다. 특정 시기가 지나면 끝나버린다. 따라서 상담자는 이점을 부각시키자. 『설득의 심리학』에 나오는 희소성의 원칙(law of scarcity)을 활용하는 것이다. 이렇게 희소성을 강조하면, 환자는 입가에 미소를 짓는다.

"아버님, 이 할인 혜택은 오늘까지입니다. 정말 행운이세요."

검진과 스케일링 환자는?
- 검진 & 스케일링 환자 상담법

'아픈 데는 없으니까 검진만 대충 받자.'

'귀찮아 죽겠네.'

'스케일링 경력자가 좀 걸렸으면 좋겠어.'

앞의 두 분은 검진을 받으러 온 환자이고, 마지막은 스케일링을 받으러 온 환자다. 치과에는 이런 환자가 부지기수로 많다. 치과에 이 환자들이 많은 건 좋은 일이 분명하지만 치료비가 높지 않은 게 아쉬운 점이다. 따라서 상담자에게는 낮은 비용으로 내원한 환자로 하여금 추가 치료를 받도록 유도하는 게 중요해질 수밖에 없다.

실력 없는 상담자는 검진 및 스케일링 환자들을 멀거니 바라보기만 한다. 이에 반해 실력 있는 상담자는 이들에게 적극적으로 다가서서, 숨어 있는 니즈를 창출해낸다. 이때 무리하게 새로운 치료를 권하면 환자의 거부감이 생긴다. 따라서 자연스럽게 환자 스스로 치료 동의를 유도하게 만들어야한다.

이를 위해 나는 상담실에 들어오기 전에 환자의 덴탈 아이큐가 높아지도록 만든다. 이는 대기실을 활용하는 방법이다. 환자 누구나 치과를 내원하면 몇 분간 대기실에 머무른다. 이때의 시간을 이용하는 것이다. 나는 누누이 강조하고 있다.

"검진 환자, 스케일링 환자를 그대로 보내면 아마추어 상담자입니다. 진정한 프로 상담자는 절대 그들을 그대로 내보내지 않아요. 이들이 치과를 방문했다면, 추가 치료 필요성을 발견해내고 환자가 치료를 동의하도록 해야 합니다. 이를 위해 우선 대기실에서 덴탈 IQ를 높이는 소책자를 비치해놓고, 환자가 들춰보게 만들어주세요. 치아 상식이 높아지면 환자는 알아서 치료를 원하게 됩니다. 치료를 하지 않는다면 최소한 우리 병원의 좋은 이미지만큼이라도 가져가도록 해야 합니다."

실제로 대기실에 치아상식을 소개한 소책자를 비치함으로써 많은 효과를 봤다. 검진을 받으러 온 한 여대생의 경우, 상담실에서 이렇게 말했다.

"저는 원래 교정을 할 생각이 없었거든요. 근데 생각이 달라졌어요. 치아 상식 책을 보니까 치열이 나쁘면 충치나 치주 질환에 걸리기 쉽다고 하더라구요. 이대로 있다가 치아 질환이 생기느니 차라리 이번 기회에 교정을 해서 치아 모양을 예쁘게 해볼까 해요."

스케일링을 받으러온 한 직장인의 경우, 상담실에 들어오자마자 이렇게 말했다.

"대기실에 있을 때 잠깐 치아에 대한 책을 보다가 깜짝 놀랐어요. 잇몸병이 있으면 심혈관 질환이나 폐질환 발생 확률이 높다면서요? 이참에 그대로 방치된 잇몸 염증을 치료해야겠어요."

이처럼 대기실에서 치아 상식 책을 접함으로써, 환자가 덴탈 IQ 가 높아지면 자기가 스스로 알아서 치료를 원한다. 상담자가 환자의 치아 지식을 높이기 위해 많은 시간을 들여 구구한 설명을 할 필요가 없어진다. 이렇게 해서 검진 환자와 스케일링 환자가 스스로 니즈를 자각하고 치료를 받고자 요청해온다.

그러면 실력 있는 상담자로서 환자의 니즈를 만들어내기 위해서 는 상담실에서 어떻게 해야 할까? 다음 4가지를 반드시 지켜야 한다.

과거 치과 병력을 자세히 관찰하라.

지금 상태가 좋더라도 또다시 생길 가능성이 높은 질환이 있다. 이는 환자의 치과 기록을 보면 예측할 수 있다. 이를 통해 더 세심하게 관찰하고 예방조치를 취하는 것뿐만 아니라 추가 치료를 권할 수 있다.

치료를 미룬 이유를 파악하라.

추가 치료 필요성이 발견될 경우, 치료를 미룬 이유를 알아야한다. 막바로 치료를 권하기보다는 치료를 미룬 이유를 파악하는 게 우선이다. 진정한 프로 상담자는 환자가 치료를 미룬 이유를 듣고 그 해법을 마련한다.

무리한 치료를 권하지 말라.

검진 환자는 검진 받으러 왔고, 스케일링 환자는 치석 제거를 하러 왔다. 그런데 진료시 추가 치료 필요성이 생길 경우 급하게 대응하지 말아야한다. 상담자는 추가 치료의 필요성을 알려주는 것만으로 충분하다. 환자가 알아서 시기를 정해서 치과를 내원한다.

그냥 내보려고 하지 말라.

치과에 검진과 스케일링을 받으러 온 환자가 가득하다면 큰 매출을 보장할 수 없다. 작은 비용을 내는 환자들이 반드시 추가 치료를 받을 수 있도록 만들어야한다. 따라서 환자가 빈손으로 나가게 하지 말라. 치료도 습관이다. 치료 습관을 만들기 시작하는 분에게는 소정의 사은품과 할인 혜택을 주는 것이 좋다.

Dental Counseling

PART
03

치료별 상담의
핵심 포인트

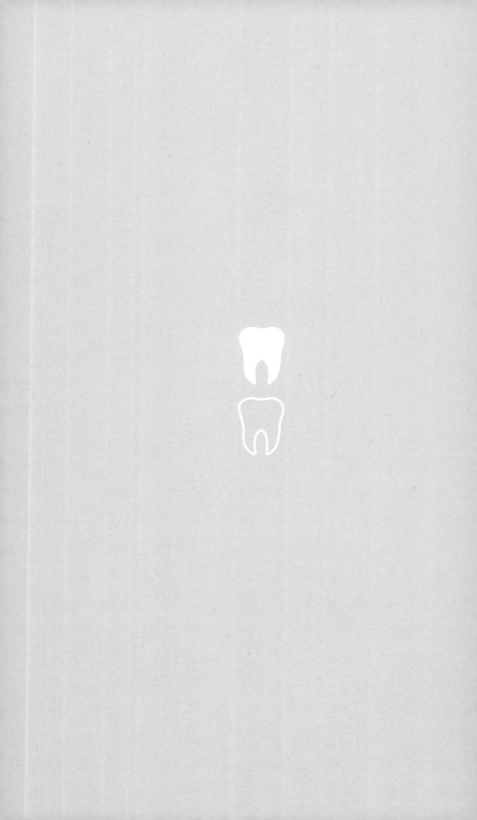

상담자는 의사 진단에 토 달지 말라
- 예진 상담법

한 치과 원장님이 급히 호출을 했다. 그 치과는 내가 4년차 치과 위생사를 새로 상담 포지션으로 앉힌 곳이었다. 별 탈 없이 그 치과 위생사가 상담을 하고 있을 줄 알았다. 그런데 원장님이 내게 불만을 토로했다.

"상담실장이 자꾸 내 진단에 토를 다네요. 오늘은 내가 인레이 치료를 진단 내렸더니, 상담실장이 치아를 깎아야하는데 그 정도가 아니라네요. 나 원 참, 상담자가 아니라 의사인 것 같아 당혹스럽습니다."

걱정했던 문제점이 발생했다. 곧바로 그 치과로 가서 담당자와 면담을 진행했다. 그 직원은 결코 환자와의 상담을 불성실하게 하지 않았다. 오히려 성실하게 상담을 하려다가 선을 넘어서 버린 것이다. 해당 직원에게 말했다.

"의사와 다른 진단을 내렸다죠? 나는 그 환자의 치아를 못 봐서 잘 모르겠네요. 아니 보더라도 몰라요. 왜냐하면 진단은 의사의 고유 권한이며 이는 법적으로 정해진 것이기 때문이에요. 충치 몇 단계인지는 오직 의사만이 결정할 수 있습니다. 상담실장이 하는 일은 의사 진단에 따라 환자의 치료 동의여부를 결정하는 것이에요. 절대 진단에 대한 개인적인 소견을 달면 안돼요. 상담실장은 의사의 진단을 신뢰하고 오로지 환자를 체어에 앉히기만 하면 됩니다."

그 상담자는 나름 열심히 한다고 하다가 실수를 저지르고 말았다. 4년여 간 다져진 치과위생사로서의 안목이 있었기 때문이다. 하지만 의사의 권한을 침범하고 말았다. 이렇게 된다면 냉정하게 말해서 그 상담실장은 상담자로서의 기본적 자질이 없다고 봐야한다.

치과 상담이 어려운 이유 중 하나가 바로 진단의 주관성 때문이다. 치과는 내과와 달리 치과의사의 주관에 의해 각 증상이 판정을 받는다. 내과의 정기 건강검진을 사례로 들어보자. 검진센터에 가면 기본적으로 혈압을 재고 나서 초음파검사, 소변검사, 피검사를 한다. 그러곤 며칠 후 결과치를 보고 의사가 진단을 내린다. 예를 들면 이런 식이다.

"간수치, 당수치는 정상이시네요. 혈압은 수축기 160에 이완기 100으로 높으시네요. 혈압 약을 좀 드셔야겠습니다. 처방해 드릴게요. 보름 후에 약 다 드시면 오세요."

이것으로 끝이다. 여기서 중요한 점은 간수치, 당수치, 혈압 등은

'숫자'라는 객관적 척도를 통해 환자에게 전달이 된다는 것이다. 이에 대해 그 누구도 전문가인 의사의 진단에 감히 토를 달지 못한다.

이렇듯 인간은 숫자 프레임에 약하다. 전문 상담가로 성장하기 위해서 명심해야 할 사항 중 하나다. 환자는 숫자 프레임을 벗어나기 어렵다. 즉, 숫자 프레임에 환자를 가둘 수 있다면 상담은 의외로 무척 쉬워진다는 사실을 명심해야 한다.

그런데 치과 진단은 내과와 다르다. 기본적으로 객관적 수치의 프레임에 환자를 가두기 어렵다. 치과에서는 충치 치료 단계를 다음과 같이 구분한다. 카리에스(Caries)의 머리글자인 C로 표기하는데, C1-C2-C3-C4가 있다. 그리고 각 진단에 대한 기본적인 치료 솔루션은 다음과 같다.

- C1은 레진(Resin) = 치아색 강화 플라스틱
- C2는 인레이(Inlay) = 금땜 혹은 주조한 강화 플라스틱
- C3는 신경치료 + 크라운(Crown) = 흔히 알고 있는 금니, 도자기, 지르코니아
- C4는 발치 + 임플란트(Implant) = 인공치아

이를 기초로 해서 의사가 진단을 내린다. 이때, 의사의 경험과 판단으로 치료계획의 변동 혹은 기둥(Post)이나 뼈이식(GBR) 등이 추가될 수 있다. 문제는 이 진단이 경계면에 있을 때다. 예를 들면 C1과

C2다. 이는 동일한 의사라도 그날의 컨디션, 관점에 따라 상이한 진단을 내릴 수 있다.

따라서 C1과 C2 경계면의 환자를 두고 다른 진단이 나올 수 있다. 최소 진료를 선호하는 의사라면 레진 진단을 내릴 가능성이 높다. 그와 달리 예방적 차원으로 꼼꼼한 진료를 선호하는 의사라면 인레이 진단을 내릴 가능성이 높다. 이 가운데에서 후자가 치료비가 많이 나온다고 과잉진료로 오인하지 말아야한다.

이해를 돕기 위해 타이어 교체를 예로 들어보자. 반드시 타이어 펑크가 나야만 타이어를 교체하는가? 아니면 충분히 닳았을 때 사고 예방의 차원에서 교체를 하는가? 어느 경우를 선택하든 다 맞다. 본인의 주관에 따라 결정할 뿐이다. 따라서 정비소 직원이 충분히 타이어가 마모가 되었으니 교체하라고 한다고 해서 잘못된 게 없다. 정비소 직원은 예방 차원의 권고를 한 것이다. 이를 과잉으로 생각하고 수리비를 많이 받으려고 한다고 오해하지 말아야한다.

참고로, 상담자는 C1과 C2의 치료 재료인 레진과 인레이의 장단점을 숙지해두면, 상담을 할 때 좋다.

	레진	인레이
장점	간편하다. 당일 치료가 완성된다. 비용이 저렴하다. 심미적이다. 기공료가 없다(치과의 입장).	정밀하다. 내구성이 높다.
단점	내구성 문제로 뒤틀리거나 떨어질 수 있다. 인레이에 비해서 정밀도가 떨어진다.	2회 이상 내원해야 한다. 레진에 비해서 고가이다.

치아 1개에 충치가 있는 환자가 세 곳 치과에 차례대로 내원했다. 이런 진단이 나왔다. A치과는 보험이 되어 6,700원에 치료할 수 있는 아말감이라는 재료를 권했고, B치과는 100,000원짜리 레진을 권했다. 그런데 C치과는 280,000원짜리 인레이를 권하는 것이 아닌가? 이를 두고 A치과는 양심적인 치과이고, C치과는 과잉 진료 치과라고 말할 수 있을까?

실제로 상담자는 이 세 곳 중의 어느 한 곳에서 근무를 할 수 있다. 과연, 정답이 무엇일까? 세 치과 원장의 진단에 대한 소견을 들어보면, 다들 일리가 있다. 의사로서 한 치의 허점이 없다. 원장들은 이런 말을 할 것이다.

"환자가 비용부담을 많이 느끼시는 것 같았습니다. 일단 불편한 곳이 어금니 쪽 충치라고 말씀하셨고, CC(Chief complaint)는 그 어금니에 있는 검은 충치였고 이를 해결하고 싶어 했습니다. 그래서 비용부담이 가장 적은 아말감을 권했습니다."

– A치과 원장

"환자가 검은 충치가 있어서 싫다고 하셨습니다. 충치가 조금 깊긴 했지만 조심해서 사용하면, 레진으로도 당분간은 사용할 수 있을 것 같아서 레진을 권해 드렸습니다."

– B치과 원장

"환자가 충치의 검은 부분이 보기 싫다고 하셨고, 비용으로 부담을 많이 느끼시는 것 같았습니다. 검은 부분이 보기 싫다고 해서 레진이나 심미 인레이를 권해드릴 생각이었습니다. 그런데 충치 범위가 넓은데다 저작 기능에 사용량이 많은 큰 어금니라, 레진으로는 오래 버티기가 어렵다고 판단되었습니다. 그리고 2차 충치로 다음번에 내원 시에는 십중팔구 신경치료 후 크라운 치료로 넘어갈 것 같아서 가장 효과가 좋고 비용이 저렴한 재료로 인레이를 권했습니다."

-C치과 원장

고로, 정답이 없다. 세 명의 의사들은 환자에게 자신이 판단한 최선의 진료를 권했다. 그런데도 단지 비용이 많이 나온다는 점 때문에 C 치과 원장의 진단을 과잉으로 치부해서는 곤란하다. 오히려 C 원장의 소견이 더 길고 자세하기 때문에 그만큼 많은 관심을 기울였다고 볼 수 있다. 따라서 C치과 입장에서는 억울하다.

상담자로 돌아오자. 경계면에 있는 진단이 내려졌을 때, 상담자는 어떻게 해야 할까? 절대, 주관적인 개입을 금해야한다. 상담자는 객관적 사실을 보여주고 나서 각각에 대한 의견을 제시해야한다. 그 다음은 환자의 몫이다. 환자에게 이렇게 말하면 된다.

"둘 다 장단점이 있습니다. 어느 치료를 선택하시겠습니까?"

환자의 덴탈 IQ를 높이고 교감하라
- 치경부 마모증(CA) 상담법

치과에 내원하는 환자들은 공통적으로 통증에 민감하다. 그래서 통증이 심하면 치료를 받아야할 생각을 굳힌다. 이와 반면에 통증이 덜 느껴지면 그대로 방치해버린다. 이렇듯 치과를 찾은 환자들 대부분은 통증을 호소하면서 치료를 요청한다. 이런 점에서 통증이 거의 없는 치아 증상을 가진 환자와 상담을 하기란 무척 힘들다.

특히, '치경부 마모증(Cervical Abrasion)' 환자가 그렇다. 이 환자의 증상은 치아와 잇몸이 만나는 경계 부분인 치아 표면이 마모된 것을 말한다. 치아 표면이 마모될수록 신경 조직과 가까워짐에 따라 시린 증상을 동반한다. 나이가 들어감에 따라 이 증상이 생기는데 초기에는 시린 증상이 없지만 시간이 지남에 따라 찬물을 마실 때마다 시린 증상이 조금씩 나타난다.

하지만 대체로 이 증상은 일상생활에 큰 지장을 줄 정도로 심한 통증이 없다. 따라서 환자는 이 증상을 치료할 필요성을 잘 느끼지 못한다. 이로 인해 상담자 입장에서는 이 증상을 갖고 있는 환자에게 치료를 권하기가 쉽지 않다. 자칫 잘못하면 이런 소리를 듣기 쉽다.

"아직 멀쩡한데 뭘 치료를 합니까? 나중에 신경을 건드리면 그때 치료해도 되죠. 하찮은 것까지 돈 내고 치료를 할 필요가 있을까요?"

치경부 마모증 환자에게는 직진보다는 우회하는 게 좋다. 치경부 마모증이 생긴 이유와 예방법을 차근차근 설명해야한다. 사실, 대부분의 환자는 치경부 마모증이 왜 생기는지를 알지 못한다. 따라서 그 발생 이유를 하나하나 알려주는 게 좋다. 크게 일곱 가지가 있다.

- 칫솔질을 좌우로 세게 문지르기
- 잇몸 질환 및 노화로 인한 뿌리 노출
- 이갈이로 인한 치아 표면 마모
- 치태 및 치석의 축적으로 인한 법랑질 손상
- 잇몸 접촉부와 치아 옆 표면의 패임
- 충치와 금이 간 치아
- 질기고 딱딱한 음식, 산이 강한 음식 섭취

이 가운데에서 환자는 자신의 치경부 마모증 증상을 악화시키는 이유를 접하면 깜짝 놀란다. 가령, 칫솔질을 좌우로 세게 문지르는 것만으로 치경부 마모증이 생긴다는 걸 아는 사람이 많지 않다. 환자들 대부분은 그렇게 자주 칫솔질을 했는데도 치경부 마모증이 생긴 이유를 비로소 알게 된다. 이렇게 되면 환자는 상담자의 말에 귀가 쫑긋 세워질 수밖에 없다.

이때, 상담자는 환자에 맞는 치경부 마모증 예방법을 알려준다. 잘못된 칫솔질을 하는 환자에게는 세 가지를 말해준다. 칫솔은 종류에 따라 세 가지로 딱딱한 것, 중간 것, 부드러운 것이 있으며 칫솔머리는 잇몸 선까지 꼼꼼히 닦을 수 있도록 작은 게 좋다는 점. 그리고 개인마다 잇몸 상태에 따라 전문가에게 추천을 받도록 해야 한다는 점. 마지막으로 칫솔질은 아래에서 위로, 칫솔을 잡은 손목을 돌리면서 하라는 점.

이렇게 해서 환자와의 교감을 만든 후, 비로소 상담자가 본론으로 들어간다.

상담자는 환자의 눈을 마주치면서 이렇게 말하자.

"구두 굽이 닳으면 수리해서 쓰시겠습니까? 아니면 버리시겠습니까? 물론 수리해서 쓰시는 걸로 알고 있습니다. 이처럼 치경부마모증은 표면을 메꾸기만 하면 됩니다. 그러면 평생 튼튼하게 치아를 유지할 수 있어요. 그냥 방치해버리면 신경을 건드리게 되어 치아가 죽어서 뽑아내야하는 안타까운 일이 생깁니다. 그러니까 구두 굽을 갈 듯이, 제때에 치아의 마모된 표면을 때워 주세요."

이에 환자는 치료의 필요성을 절감한다. 환자의 머릿속에는 '호미로 막을 것을 가래로 막는다'는 속담이 떠오른다. 이와 함께 치료비를 물어온다. 이때, 상담자는 재료 두 가지를 반드시 추천해야한다. 하얀색의 보험 재료인 GI(글래스아이오노머)와 자연치 색상의 비보험 재료 레진. 비용 면에는 전자가 싸지만 심미적인 측면에서는 후자가 낫다. 상담자가 무조건 심미적인 측면을 고려해, 레진만 추천했다가는 낭패를 당한다.

왜 비싼 치료비가 나왔냐고 컴플레인을 걸기 때문이다. 다른 곳을 알아보니 GI를 했으면 보험이 돼서 비용이 훨씬 저렴했을 거라면서 화를 낸다. 후폭풍을 감당하지 못한다. 따라서 환자에게 반드시 두 재료를 추천해서 선택하도록 해야 한다.

하지만 상담자는 본질적으로 세일즈맨임을 잊지 말라. 환자가 좋다고 보험이 되는 낮은 비용의 재료만을 판다면 좋은 상담자라고 할 수 없다. 유능한 상담자는 치료의 가치를 전달하여, 비용이 더 나가지만 좋은 재료를 선택하게 도움을 줘야한다. 상담 실장을 할 때, 나는 치경부마모증이 여러 개인 환자에게는 레진 한 개를 하도록 설득시켰다.

실제로 치아 일곱 개의 치경 부마모증 환자에게 이렇게 추천해드렸다.

"환자님 뜻대로 잘 안 보이는 치아는 보험 되는 GI를 하세요. 대신 앞쪽 치아 두 개는 잘 보이는 편이니 보험이 안 되더라도 레진으로 하세요. 레진으로 하면 진짜 치아처럼 보일 거예요."

아마추어 상담자는 환자가 할 생각이 있는 치료만 동의하게 만든다. 이에 반해 프로 상담자는 환자가 할 생각이 없던 치료도 필요를 느끼게 만들어서 치료하게 만든다. 이를 위해서는 상담자가 환자의 덴탈 IQ를 높이고 환자와 교감해야한다. 이와 함께 양질의 재료로 치료하도록 하는 것이 상담자의 몫이다.

강권하지 말고 치료 선택권을 줘라
– 충치초기(C1) 레진 상담법

"단 것을 잘 안 먹고 매일 3번씩 양치질을 했는데 왜 충치가 생겼는지 모르겠네요. 혹시, 잘못 진단한 건 아니죠?"

한 여성 직장인이 의아스러운 표정을 지었다. 이 환자는 우연히 거울을 보면서 입을 벌려보니 어금니에 검은 점이 있어서 치과를 내원했다. 엑스레이를 찍어 본 결과 초기 충치로 나왔다. 하지만 그 여성 직장인은 진단 결과를 쉽게 받아들이지 못했다.

이런 환자를 자주 접했던 나는 여유 있게 입을 열었다.

"충치는 칫솔질만으로 백 프로 예방하는 게 불가능합니다. 해외 연구에 따르면 근본적으로 충치의 60%는 유전적인 요인으로 생긴다고 해요. 그래서 충치에 취약한 치아를 가지고 태어나는 사람들이 있는 거예요. 환자분이 그렇습니다."

충치에 취약한 치아에는 두 가지가 있다. 치아를 감싸는 법랑질의 강도가 약한 경우, 그리고 치아의 고랑이 깊은 경우다. 이런 치아를 가진 분은 열심히 칫솔질을 하고, 단 음식 섭취에 주의를 하더라도 쉽게 충치가 생긴다. 일단 한번 생긴 충치는 자연적인 치유가 불가능할 뿐만 아니라 전염성 때문에 주위 치아까지 우식이 된다. 그리고 시간이 지남에 따라 치아의 신경을 건드리게 된다. 따라서 초기에 치료를 하는 게 중요하다.

이 환자의 경우 어금니뿐만 아니라 어금니 사이에도 충치가 보였다. 다행히 초기 상태였다. 이러한 초기 충치 환자에게는 주로 예방 차원에서 레진(Resin) 치료를 많이 권해드린다.

레진은 비보험으로 비용이 생기지만 크라운 하나 비용으로 대여섯 개를 할 수 있으며, 당일 치료가 가능한 이점이 있다. 그리고 레진은 유기질 고분자와 무기질 충천재로 구성된 혼합물로 되어 있으며, 강도가 높을 뿐만 아니라 치아 색과 비슷해서 예쁘고 티 안 나며 자연스럽다. 게다가 세라믹이나 금에 비해 저렴하기 때문에 많이 사용되고 있다. 복합 레진의 수명은 3년에서 15년인데, 탈락이나 변색이 되지 않으면 평생 사용할 수 있다.

나는 레진에 대해 설명을 하면서 환자에게 레진 치료 전후의 사진을 보여드렸다. 두 눈으로 직접 비교를 한 환자는 무척이나 호의적인 반응을 보였다.

"레진으로 하면 감쪽 같네요. 내가 아직 미혼이라서 될 수 있으면 치료한 흔적이 없는 걸로 하고 싶어요."

이렇게 해서 그 여성 직장인과 순탄하게 상담을 마칠 수 있었다. 초기 충치 환자가 이렇게 순순히 치료에 동의를 한다면 얼마나 좋을까? 상담자는 충치 환자를 위해 꼭 필요한 치료를 권하지만 때때로 오해를 받기도 한다. 그냥 놔둬도 아무런 상관이 없는데 괜히 치료를 하는 게 아니냐고 항변하는 환자도 있다. 그래서 상담자는 고민이 깊어질 수밖에 없다.

레진은 비용이 비싸지 않지만 환자의 적극적인 니즈가 없기에 오히려 상담이 매우 어렵다. 교정 환자는 분명한 치료 니즈를 가지고 있다. 치통이 심한 환자는 아프기 때문에 니즈가 강하다. 하지만 얕은 충치 환자는 이가 많이 시리거나 통증이 없을 경우 치료에 대한 니즈가 전무하다. 따라서 상담자가 환자로 하여금 충치 치료에 대한 니즈가 생기도록 유도하는 게 중요하다.

이를 위해 상담자가 충치 환자에 두 가지를 인지시키는 게 좋다. 첫 번째는 충치는 절대 자연 치료가 되지 않으며 대개의 경우 충치가 더 악화되는 쪽으로 진행된다는 점. 두 번째는 충치 어금니의 경우 잘못해서 땅콩이 끼면, 쐐기처럼 치아를 쪼개버리는 불상사가 생긴다는 점. 이 점을 접하면 충치환자는 예방 차원에서 치료 필요성을 깨닫는다.

이와 함께 레진 치료를 많이 유도하는 방법을 알아두자. 토탈 치료 시 그 비용을 깎아주는 대신에 덤으로 레진 치료를 진행해주면 된다. 임플란트, 크라운, 인레이 등 여러 가지 치료를 할 경우 비용을 빼주는 대신 레진 치료를 해주면 환자의 만족도가 높다. 단, 레진 치료 비용이 많이 들지 않는 경우만이다.

한번은 중년 남성이 치과를 내원했다. 말할 때 보니 애연가인 듯 치아가 노랬는데, 엑스레이를 찍어보니 초기 충치가 다섯 개 보였다. 작은 점 정도여서 무심코 넘어가버릴 수 있었다. 내가 엑스레이 사진을 앞에 놓고 말했다.

"여기 보이는 다섯 군데가 모두 충치입니다."

그 환자가 발끈했다.

"하나도 아프지 않은데 충치는 뭔 충치란 말입니까?"

그 환자는 완강했다. 흡연으로 치아가 노랗게 변한 마당에 검은 점 몇 개가 있는 게 뭔 문제가 되느냐는 반응이었다. 이 환자에게 섣불리 치료를 권했다가는 낭패를 볼 가능성이 높았다. 나는 환자를 걱정하는 듯한 표정을 지으면서 말했다.

"현재는 초기 충치이기에 통증이 없습니다. 하지만 시간이 지나 충치가 신경을 건드리게 되면 통증이 생깁니다. 심한 경우 치아를 뽑아내야하는 상황이 생길 수 있습니다. 그러시면 오늘은 그냥 가시고, 6개월 뒤에 내원해주십시오. 그때 충치가 진행되는지, 그렇지 않은지를 보고 치료를 결정하시죠."

이렇게 해서 그 환자에게 의사 결정권을 부여해줬다. 그러자 그 환자가 고민스럽다는 듯이 머리를 긁적이다가 이내 그러겠노라 했다. 이 환자는 6개월 뒤 내 예상대로 치료를 받았다.

사람은 아무리 좋은 일도 누가 하라고 시키면 거부감을 갖는다. 이는 심리학의 '반대 심리(Reverse Psychology)'로 잘 설명되는데, 사람이 뭔가를 하라거나 하지 말라고 명령받을 때 그 반대로 하고 싶어지는 현상이다. 흔히 말하는 '청개구리 심리'가 대표적인 예다.

사람은 기본적으로 자기 스스로 결정하는 것을 원한다. 사람은 스스로 결정해서 좋은 일을 하려고 할 때 높은 만족감을 얻는다. 사람은 자유의지(Free Will)를 발휘하고자하기 때문이다.

프로 상담자는 이러한 사람의 심리를 이용하는 게 바람직하다. 아무리 밥상을 잘 차려줘도 지금 먹으라고 지시하면 상대는 반발감을 갖는다. 따라서 밥상을 잘 차려 주고 나서 상대에게 이렇게 말하자.

"드시고 싶을 때 드세요."

이렇게 선택권을 상대에게 부여하면, 상대는 밥상을 절대 내치지 않는다. 프로 상담자는 초기 충치 환자에게 선택권을 부여함으로써 치료 동의율을 높일 수 있다.

상실에 대한 공포감을 조성하라
- 충치중기(C2) 인레이 상담법

충치중기(C2)는 상아질까지 충치가 진행했지만 아직 신경에 닿지 않은 상태다. 이는 곧 치아를 살릴 수 있는 마지막 단계이기도 하다. 이 역시 큰 통증이 없어서 치료 니즈가 약한 편이다. 하지만 그대로 방치했다가는 나중에 엄청난 통증과 치료비용이 발생한다. 상담자는 치료를 미룰수록 비용, 시간, 통증이 배가된다는 점을 인지시키는 게 좋다.

인레이 치료는 크라운 치료에 비해 내원 횟수가 적으며 보험 적용이 안 된다. 이 치료는 치아에 금속이 들어가기 때문에 간혹 시린 증상이 생긴다. 따라서 상담자는 환자에게 미리 시린 증상이 생길 수 있으며, 시린 증상이 심할 경우 신경 치료를 할 수 있음을 알려줘야 한다.

충치 중기의 일부 환자는 레진 치료를 요구하는 일이 있다. 이때 환자에게 설명을 잘해서 인레이 치료로 유도해야한다. 상담자는 책받침 등의 물건을 들어 휘어지게 한 후, 이렇게 말하자.

"물건이 작을 때는 단단하지만 조금만 넓어져도 이렇게 휘어집니다. 책받침을 잘라낸 작은 토막은 단단하죠? 하지만 책받침 전체는 크기가 있기에 휘어집니다. 레진은 강화 플라스틱이라서 작은 치료 부위에는 단단하게 잘 고정이 되지만 큰 치료 부위에는 뒤틀립니다. 그래서 충치 중기 환자는 반드시 단단하게 고정이 되는 인레이를 해야 합니다."

두 눈으로 꺾어질 듯 휘어지는 책받침을 본 환자는 쉽게 납득을 한다.

그 다음 상담자는 충치 중기 환자에게 인레이 치료에 대한 기본적인 설명을 진행해야한다. 다음처럼, 인레이 개념과 인레이 세 종류의 장단점 설명이 필수적이다. 이때 일방적으로 어느 하나를 지정하는 것은 금물이다. 환자가 그림이나 동영상을 통해 직접 선택할 수 있도록 해야 한다.

인레이(Inlay)

충치 부위를 제거해낸 후 금, 레진, 세라믹 등의 재료로 본을 떠서 치과용 본드로 접착하는 충치 치료법이다. 인레이는 치과용 본드로 고정하는데 보통 5년이 지나면 녹기 시작하기 때문에 이후에는 탈락

가능성이 높다. 치료비는 25~30만 원대이다.

❶ 테세라 인레이(Tescera Inlay)

아말감보다 심미성이 우수하며 가격이 저렴하다. 하지만 세라믹 인레이에 비해 강도가 약하고 음식물에 의해 치아변색 가능성이 높다.

❷ 세라믹 인레이(Ceramic Inlay)

자연치아와 구별되지 않을 정도로 심미적이다. 또한 레진보다 강도가 높고, 골드 인레이와 달리 치아에 접착되어 넓은 부위의 충치 치료에 사용할 수 있다. 과거에는 가격이 비쌌는데 최근에는 많이 저렴해졌다.

❸ 골드 인레이(Gold Inlay)

치아 삭제량이 적어서 자연 치아를 최대한 보존할 수 있으며, 수명이 길다. 전도율이 좋아 시림 증상을 쉽게 느낄 수 있다. 그리고 너무 작은 부위에 사용할 경우 쉽게 탈락하고 너무 넓은 부위에 사용할 경우 치아 파절이 생길 수 있다.

이 설명이 끝나면, 환자는 인레이 세 가지 중에서 속으로 마음에 드는 것을 선택한다. 그렇다고 곧장 환자가 치료를 동의하지 않는다. 언제까지나 치료를 했을 경우를 상정해 인레이를 선택한 것뿐이다.

아직 치료를 할지 말지 결정하지 못했다.

이 환자에게 상담자가 태연한 태도로 이렇게 말하면 어떻게 될까?

"지금 인레이 치료를 하셔야 합니다. 나중에는 너무 늦어요."

그러면 환자는 심드렁해진다. 그냥 나가버릴까 하는 생각이 든다. 이를 방지하기 위해 상담자에게 필요한 게 바로 '공포 마케팅 기법'이다. 공포 마케팅의 예를 보자.

"선생님, 우리나라의 중장년층 건강에 적신호가 켜졌다고 해요. 남자의 경우 10명 중 7명이 건강에 이상이 있다고 합니다. 특히 중장년층 사망자의 절반이 심장질환, 암, 뇌혈관질환으로 사망한다고 합니다. 갑자기 이 질환에 걸리면 가정 경제에 큰 부담을 끼치게 됩니다. 그래서 말인데요 종합 건강보험을 미리 들어놓으시는 게 좋습니다. 그러면 걱정할 게 전혀 없거든요."

흔히, 접할 수 있는 보험 영업 사원의 멘트이다. 곰곰이 이 멘트를 뜯어보면, 아무렇게나 나온 게 아님을 알 수 있다. 이 멘트는 공포 마케팅을 잘 활용했다. 이는 불안감과 공포심을 불러일으켜 소비자가 물건을 구매하게 만드는 마케팅 기법이다. 기업체 입장에서는 소비자가 물건을 구매하지 않았을 때 생기는 공포를 언급하는 것만으로 대단한 판매고를 올릴 수 있다.

이러한 공포 마케팅은 우리의 일상에서도 흔히 찾아볼 수 있다. 좋은 방법은 아니지만 대표적으로 가정에서는 엄마가 아이들에게 공부를 시키려고 할 때 이렇게 말한다.

"너 공부 안하면 저 사람처럼 거지 된다."

다른 말은 한귀로 듣고 한귀로 흘려버리지만 이 말에는 정신이 번쩍 든다. 아이가 공포감에 사로잡히기 때문이다.

이러한 공포 마케팅 기법은 치과에서 활용가치가 매우 높다. 특히, 충치중기(C2) 인레이 상담을 할 때 이것을 활용하면 효과 만점이다. 환자에게 공포감을 들게 하여, 지금 당장 치료를 하도록 만들 수 있다. 상담자가 이렇게 심각한 태도로 말하면, 환자가 치료 결정을 내린다.

"지금 이 치아의 생명을 유지할 수 있는 마지막 갈림길입니다. 지금 치료 안하면 신경이 드러나 신경이 죽습니다. 그러면 치아가 죽어버리죠. 지금 인레이를 하세요. 그래야 치아를 살릴 수 있습니다."

마치 말기암 환자에게 의사가 치료를 권유하듯이 말해야한다. 시종일관 심각한 표정을 유지하면서 말이다. 이렇게 임팩트 있게 멘트를 하면 환자는 상실에 대한 두려움 때문에 망설임 없이 치료를 받고자 한다. 사람은 상실에 대한 두려움을 크게 느끼기 때문이다.

시각적으로 보여주고 마음을 흔들어라
- 충치말기(C3) 크라운 상담법

"밤새 너무 아파서 잠을 못 잤어요."

"어떻게 귀까지 아플 수 있습니까? 귀가 잘못되는 건 아니죠?"

이렇게 통증을 호소하는 환자는 충치 말기 환자다. 통증이 심하기에 상담자 입장에서는 치료를 권하기 쉽다. 이는 마치 응급실에 환자가 실려 온 것과 같기 때문이다. 응급실에 실려 온 환자는 생사기로에 놓였기에 신속히 치료를 해야 한다. 응급환자는 병원이 친절한지, 비용이 얼마인지 아무런 고려를 하지 않는다. 당장 치료를 해야 하는 게 중요하다.

이런 환자의 경우, 충치가 치아의 뿌리까지 진행되었다. 따라서 신경을 제거하는 신경 치료를 해야 한다. 상담자는 흔히 환자에게 신경치료를 한다고 말하는데, 이렇게 말하고 끝내면 환자 입장에서는 단지 신경을 치료하는 것으로 오해할 수 있다. 따라서 신경을 제거하는 치료인 점을 분명하게 설명해줘야 한다.

일단 신경치료를 하고 나면, 치아는 수분과 영양분 공급이 되지 않아 시간이 지남에 따라 약해진다. 이 과정에서 고목나무처럼 윤기를 잃고 죽어가듯이, 금이 가고 깨지는 일이 발생한다. 이를 방지하기 위해 치아 보호 차원에서 하는 게 크라운이다. 하지만 간혹 신경치료 후에 환자가 이렇게 말하는 경우가 있다.

"이제 아프지 않으니 크라운은 필요 없습니다."

이 환자는 신경치료로 인해 치아가 약해져서 언제든 치아가 부서지거나 쪼개지는 경우의 수를 아직 인지하고 있지 못하다. 고로, 상담자는 환자에게 치아가 고목나무처럼 죽는다는 비유를 말하면서 크라운까지가 치료의 완성이라는 점을 인지시켜야하고, 절대 물러나면안 된다. 반드시 크라운을 하도록 해야 한다.

이를 위해 상담자는 신경 치료를 마친 환자에게 크라운 개념과 함께 크라운 네 종류의 장단점을 설명하는 게 필수적이다.

크라운(Crown)

치아가 많이 깨졌거나 충치가 많이 진행되어 인레이로 치료가 불가능할 경우, 보철물로 치아 전체를 씌우는 치료법이다.

❶ 골드 크라운(Gold Crown)

가장 인체 친화적인 소재이기에 알레르기가 적으며, 맞물리는 치아를 마모시키지않아 오랫동안 튼튼하게 사용할 수 있다. 하지만 색의 특성상 앞니에는 적합하지 않아 주로 어금니 치료에 사용하며, 어금니의 경우 비보험 치료로 가격이 2020년 현재 45~50만원이다. 금 함량이 높을 경우 55~60만원에 형성되어 있다.

❷ PFM 크라운(Porcelain Fused Metal Crown)

내부는 금속, 겉은 도자기로 된 재질로 가격대는 낮으나 도자기 부위가 잘 깨진다는 단점이 있다. 하지만 투명도가 떨어져서 앞니 치료 시 부자연스럽다. 또한 시간이 지나면서 잇몸 경계부분이 검게 변색이 된다. 가격은 35~40만원 선이다.

❸ 올세라믹 크라운(All-ceramic Crown)

투명도가 좋고 자연치의 기능을 자연스럽게 회복할 수 있다. 지르코니아가 나오면서 취약점인 강도 문제로 자연스럽게 제작을 잘 하지 않게 되었다.

❹ 지르코니아 크라운(Zirconia Crown)

겉과 속이 모두 생체 친화력이 좋은 지르코늄 합금으로 만들어진 재료이며 알레르기가 없다. 올세라믹 크라운의 강도를 보완하여 우수한 강도와 내구성을 가지고 있으며 심미성이 좋아 앞니에도 적합하다. 또한 잇몸 경계 부분이 검게 변색이 되지 않는 장점이 있다. 대신 가격이 비싼 편으로 45~60만원으로 형성되어 있다.

환자의 입장에서는 크라운으로 네 개의 선택지가 있다. 여러 가지를 고려해서 하나를 선택하지만 비용이 결정에 크게 작용한다. 가능하면 비싸지 않은 것을 선택할 가능성이 높다. 이때 상담자는 환자의 입장을 존중해 줘야할까?

다시금, 상담자의 본질을 상기하자. 상담자는 세일즈맨이다. 상담자는 세일즈맨으로서 환자와의 상담을 통해 치료의 가치를 느끼게 만드는 일을 하는 사람이다. 절대 상담자는 환자의 저렴한 치료 재료 결정에 순순히 따라가지 말아야한다. 이렇게 하면 아마추어다.

상담자는 환자로 하여금 가능하면 특수한 경우의 오더가 없다면, 가격대가 있지만 예쁘고 단단한 신소재인 지르코니아를 많이 하도록 만들어야한다. 그래야 진정한 에이스 상담자이자 프로 상담자로서의 자격이 있다. 이렇게 하려면 나름의 노하우가 요구된다. 무엇보다 먼저 알아야하는 것은 환자에게 특정 보철물을 지정하지 말라는 점이다. 그 대신에 이 방법을 사용해 보라. 보철물의 속성인 심미성, 경제성, 내구성, 접착성 네 가지 기준을 제시하자. 이 가운데에서 환자가 우선적으로 원하는 것을 골라주다 보면 결국, 네 가지 면에서 모두 우수한 지르코니아를 환자가 선택을 하게 된다.

요즘 환자들은 특히 심미적인 측면을 중시하고 있기 때문에, 상담

시에 심미성을 잘 보여주는 것이 좋다. 보통 환자들은 PFM 크라운과 올세라믹 크라운, 지르코니아 크라운 중에서 하나를 선택한다. 이 중에서 PFM 가격이 싸서 이것을 많이 하려고 한다. 그런데 능력 있는 상담자는 제일 비싼 지르코니아를 하도록 유도해야한다. 따라서 상담자는 환자들에게 PFM 크라운과 지르코니아 사진을 보여주자. 투명도 면에서 지르코니아가 훨씬 좋다는 걸 두 눈으로 확인할 수 있다.

개인적으로는 일명 '신형 우주선'을 상담 시에 효과적으로 활용하고 있다. 이 상담 도구 위에 여섯 개의 보철물을 올려놓을 수 있는데, 빛이 투과되기에 보철물의 차이를 극명하게 보여줄 수 있다. 특히, 지르코니아가 빛이 잘 투과되기에 육안으로 보는 순간 혹하게 된다.

여기에다 PFM 크라운과 지르코니아 크라운의 강도 실험 동영상을 보여주는 것이 좋다. 망치로 각각 두 재료를 내리치는 장면을 보여주는 것이다. 그러면 PFM은 산산조각이 나는 반면에 후자는 깨지는 대신 판에 박히는 진풍경이 펼쳐진다. 환자가 지르코니아가 얼마나 강한지 깨닫는다. 지르코니아는 다이아몬드만큼이나 강도가 높다고 느끼게 된다.

이렇게 하고 시각적으로 환자의 마음을 흔들어 놓으면 사실상 모든 게 끝났다. 환자가 스스로 입을 연다.

"지르코니아가 너무나 좋은 거군요. 치아는 내 몸에 들어가는 건데 비싸더라도 보기에 좋고 오래 쓸 수 있는 재료로 해야겠어요."

환자에 맞게 치료 당위성을 말하라
- 치아파절(C4) 임플란트 브릿지 상담법

"임플란트 해주라니까요? 비싸도 좋으니 해줘요."

한 할머니가 목소리를 높였다. 이 환자는 상악의 작은 어금니 두 개를 발치한 후 방치되었던 곳에 임플란트를 해달라고 요청했다. 그런데 이 환자의 경우 잇몸뼈가 전혀 없어서 임플란트를 할 수 없었다. 상담자였던 나는 할머니에게 누차 그 이유를 설명해 드렸다.

"잇몸이 주저앉아서 임플란트를 심지 못합니다. 게다가 할머님은 고혈압에 당뇨병이 있어서 원장님이 임플란트 대신에 브릿지를 결정했어요."

하지만 할머니는 잘 이해하지 못하고 떼를 쓰다시피 했다. 내가 여러 차례 브릿지와 임플란트에 대해 설명하고, 또 환자의 치아와 건강 상태를 설명해 드렸다. 한 시간여 흐르자 그때서야 할머니가 임플

149

란트를 포기하고 브릿지를 하기로 했다.

환자의 치료는 전적으로 담당 의사의 판단에 맡겨야 한다. 실적 욕심을 버리고 책임술자인 의사의 의견을 전적으로 수용해야한다. 따라서 환자의 입장을 이해하되 무리한 요구를 들어주지 않아야한다. 하지만 몇몇 실적제 치과 중에는 의사의 진단결정권이 약한 곳이 있다. 개인적으로 그런 치과에서 상담자로 근무하는 것을 권장하지는 않는다. 치과는 의료기관이다. 때문에 상담자도 술자의 진단 범위 내에서 최선을 다해야 한다.

치아 파절이 되거나, 충치가 뿌리까지 감염된 환자의 경우 치아를 살릴 수 없다. 발치를 한 후에 브릿지 혹은 임플란트 치료를 해야 하는데 일부 환자는 발치한 상태를 그대로 내버려두는 경우가 있다. 따라서 상담자는 이를 뽑은 환자에게 치료하지 않았을 때 생기는 문제점을 충분히 납득시키고 치료를 유도해내야 한다. 이때, 일방적인 설명을 하는 대신 질문을 하는 게 좋다.

"치아는 빈틈으로 가는 성향이 있습니다. 이를 뽑으면 어떻게 될까요?"

이에 환자는 "배열이 보기 싫게 망가지겠네요.", "한쪽으로 쏠리겠네요.", "틈이 커지겠어요.", "양치질이 힘들겠네요."라고 대답한다. 이렇게 하면 환자가 스스로 치료의 필요성을 자각하고 치료를 하고자 한다.

이때, 애니메이션 처리된 동영상을 보여주며 치아가 쏠리고 배열이 무너지는 내용을 보여주는 것이 좋다. 몇몇 치과에서 종종 수술 과정을 적나라하게 찍은 사진을 보여주는 경우가 있는데 이는 추천하지 않는다. 왜냐하면 피가 나고 치아가 깨진 모습은 환자가 보기에 부담이 될 수 있기 때문이다. 오히려 치료 공포심이 커져서 역효과가 생길 수 있다.

상담자가 환자의 치료 동의를 얻어내려면 어떻게 해야 할까? 환자를 설득하기 위해 임플란트와 브릿지의 개념과 장단점을 설명하자. 이때, 상담자는 둘 다 좋은 치료이며, 환자에게 더 적합한 것이 있음을 말해야한다. 필수적인 것은 다음과 같다.

임플란트(Implant)

이가 빠진 부분의 잇몸뼈(치조골)에 티타늄 뿌리를 심고 그 위에 치아를 제작해서 올리는 보철 치료법이다.

장점

① 심미적, 기능적 면에서 자연치와 거의 비슷하다.
② 만 65세 이상 분들에게는 의료 보험 혜택이 있다.

단점

① 임플란트가 뼈에 단단히 고정되기 위한 기간이 필요하다. 기간은 넉넉히 3~6개월로 잡는다.

② 환자의 뼈 상태에 따라 골 이식이 필요하다.

③ 기본적으로 피를 보는 수술을 해야 하기에 두려움이 있다.

브릿지(Bridge)

치아가 빠진 곳의 양 옆 치아들을 갈아서 보철물로 끼우는 치료법이다.

장점

① 본인의 치아의 모양, 색 등과 흡사하다.

② 제작기간이 빠르며, 2~3회 치과 방문으로 치료를 마무리할 수 있다.

③ 발치 부분의 뼈 상태가 좋지 않아도 치료가 가능하다.

단점

① 브릿지를 하기 위해 치료가 필요 없는 옆 치아를 갈아내야 한다.

② 원래보다 적은 수의 치아 뿌리로 지탱해야하기 때문에 자연치나 임플란트보다 약하다. 그래서 주로 앞니에 많이 사용한다.

③ 브릿지의 한쪽 치아만 탈이 나도 전체를 뜯어내야 하는 경우가 발생한다.

이렇게 잘 설명을 하고 나면 환자가 의사의 진단을 잘 따른다. 이 과정에서 임플란트를 할 수 없어서 브릿지를 할 경우 그 이유를 잘 설명해주는 게 좋다. 그렇지만 치과 입장에서는 환자의 만족도와 치과 브랜드 이미지를 높이기 위해 임플란트를 많이 하는 게 유리하다.

상담자 입장에서 볼 때 임플란트 상담은 대체로 순탄하게 진행된다. 하지만 뼈이식에 대한 상담은 난도가 매우 높다. 환자에게 뼈이식을 잘 이해시키려면, 토양이 탄탄하게 쌓여야 나무를 심을 수 있다는 비유를 해주는 게 효과적이다. 실제로 뼈이식에는 자가골, 동종골, 이종골, 합성골이 사용되는데 치과 원장님마다 선호하는 종류가 다르고, 액수가 천차만별이다. 사실, 튼튼한 임플란트가 버틸 수 있는 좋은 형태의 뼈를 만들어내는 능력이 임플란트를 심는 능력보다 더 변별력이 크다고 하겠다.

이와 함께 뼈이식은 상당히 추상적인 면이 있기 때문에 사진을 사용하는 게 좋다. 상담자는 미리 5가지 임플란트 식립 타입 사진을 준비해 놓고, 책정된 가격을 제시해야 신뢰도가 높다. 타입 1은 뼈이식이 필요 없어 추가 비용이 생기는 않는 경우, 타입 2는 한 면이 노출된 경우, 타입 3는 두 면이 노출된 경우, 타입 4는 세 면이 노출된 경우, 타입 5는 허허벌판인 경우다. 이렇게 미리 정해진 가격으로 제시하면 환자는 쉽게 납득을 한다. 절대 엿장수 마음대로 그때그때마다 십 만원, 오십 만원, 백 만원으로 가격을 다르게 말하면 안 된다. 상담자는 신뢰를 잃으면 끝이다.

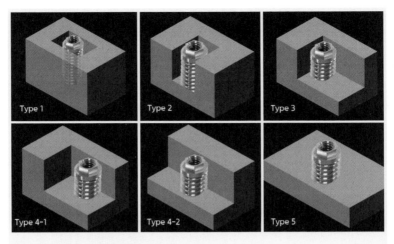

사진6 뼈이식의 종류에 따른 예시 이미지

대부분의 환자는 임플란트를 선호하고 있다. 가끔 젊은 여성의 경우 보기 싫게 될까봐 11번 치아에 임플란트하는 것을 두려워한다. 하지만 실력 있는 원장님이 확신에 넘치게 추천을 한다면, 상담자는 자신 있게 임플란트를 권하자. 이때 이렇게 사전 고지를 하면, 환자의 동의율이 매우 높다.

"혹여나 임플란트가 마음에 썩 안 드시면, 최소 비용으로 브릿지로 바꿔드리겠습니다. 처음부터 옆 치아 두 개를 깎는 치료는 제일 나중에 선택해도 되지 않을는지요? 환자분은 몸이 조금 고생하는 리스크를 조금만 안아주세요. 저희는 제작비용과 노력에 대한 리스크를 안겠습니다."

날카로운 비유로 치료를 유도하라
- 통증 없지만 위중한 치아 상담법

"왼쪽 어금니가 아프다니까요. 이것 때문에 밤새 통 잠을 못 잤습니다. 그런데 왜 오른쪽 어금니 이야기를 꺼내는 겁니까?"

종종 이렇게 말하는 환자가 있다. 이 환자는 한쪽 치아에 통증을 느껴서 치과를 찾아왔는데 엑스레이를 찍어보니 반대 쪽 치아가 매우 심각한 상태다. 이렇게 되면 환자는 당황스럽다. 처음에는 잘 받아들이지 못한다. 그래서 아픈 곳만 치료해달라고 하는 경우가 있다.

하지만 상담자는 이런 환자에게 잘 이해시켜주고 반대쪽 치아 치료를 권해야한다. 통증이 없고 상태가 안 좋은 치아의 대표적인 사례는 고름 주머니가 생겨서 뼈를 녹이고 있을 수 있는 상태다. 신경이 제거되다 보니 통증이 없는데 엑스레이를 찍어보면 시커멓게 나온다. 일명 폭탄 맞았다고 말한다. 이를 방치하면 옆 치아 감염 우려가 높다. 이게 결국 통증을 못 느끼다 보니 방치하다가 생기는 일이다.

이런 점에서 볼 때 통증의 긍정적인 면이 있다. 이렇게 환자에게 언급해주는 것이 좋다.

"통증이 있어서 치과에 오셨죠? 통증이 나쁜 것만은 아닙니다. 통증이 있기 때문에 안 좋은 상태를 자각할 수 있기 때문입니다. 만약 펄펄 끓는 물에 손을 집어넣는다고 합시다. 이때 통증을 못 느끼면 손이 익어버리고 말겠지요. 하지만 통증이 있기에 금방 손을 빼낼 것입니다. 이처럼 통증은 몸이 안 좋은 상태니 보호하라고 내보는 신호입니다."

실제로 치과를 찾는 대다수 환자는 통증 때문이다. 크고 작은 통증을 겪고 나서야 치아에 문제가 생겼음을 직감하고 치료받으러 치과를 내원한다. 이런 점에서 통증에는 긍정적인 면이 있다.

그런데 그 통증이 없다면 어떻게 될까? 신경치료를 받고 신경을 제거해버리거나, 과거에 통증을 느꼈지만 참고 방치해버려서 저절로 신경이 죽은 경우 통증을 느끼지 못한다. 이렇게 되면 치아 상태가 아무리 심각해져도 알 도리가 없다. 통증이라는 신호가 전무하니까 말이다.

그래서 치과를 찾는 환자 중에 어느 한 치아의 통증으로 찾아왔는데, 검사해보면 통증이 없고 상태가 심각한 다른 치아를 발견하는 일이 비일비재하다. 이때 상담자와 환자 사이에 힘겨루기가 이루어진다. 환자는 아픈 치아만 치료하기를 원하고, 상담자는 통증이 없는 매우 심각한 치아 치료를 권한다. 이때 상담자는 환자의 귀를 솔깃하게 만드는 비유를 하는 게 효과적이다. 이렇게 응급실 환자 비유로 말할 수 있다.

"질문 하나 드리겠습니다. 응급실에 두 환자가 들어왔다고 합시다. 한 환자는 쥐 죽은 듯이 조용하고, 다른 환자는 살려달라고 꽥꽥 소리를 지릅니다. 그러면 이 두 환자 중에 어느 환자가 신속히 의사에게 치료받을 가능성이 높다고 보십니까? 정답은 쥐 죽은 듯이 조용한 환자입니다. 응급실에서 소리 지르는 분은 안 죽습니다. 아직 소리를 지를 힘이 남아 있거든요. 그러니 선생님도 응급실에서 빨리 진료를 받으시려면 조용히 죽은 척 하고 계시면 의사가 바로 뛰어 올 겁니다."

이렇게 잘 이야기를 해주면, 환자가 고개를 끄덕인다. 그러면 치아 이야기로 돌아오면 된다.

"지금 환자의 반대쪽 치아 상황이 응급실에 조용한 상태로 실려온 환자와 같습니다. 매우 심각한 상태이죠. 그래서 치과에서는 그 치아를 우선적으로 치료를 하려고 합니다. 다행히 환자는 아픈 치아로 치과를 내원했다가 심각한 치아를 발견했습니다."

여기까지 오면 환자는 치아의 심각성을 받아들인다. 그러면 상담자는 아픈 치아와 아프지 않고 심각한 상태의 치아 두 개를 함께 쉽게 치료를 권할 수 있다.

새내기 상담자일수록 환자에게 전문지식과 술식을 늘어놓기 쉽다. 자기 입장에서는 그렇게 말하는 게 편하다. 하지만 듣는 환자의 입장에서는 여간 고역이 아닐 수 없다. 무슨 말인지 확 와닿지 않는다. 그래서 치료 동의율을 높이는데 번번이 실패할 수밖에 없다.

이와 달리 실력 있는 상담자는 환자의 눈높이를 맞춰서 피부에 와닿게 비유를 들어 이야기로 설명한다.

앞서 언급했던 비유들과 함께, 여기에서 말한 비유를 모두 정리해보자.

- 치경부 마모증(CA) 상담: 닳은 구두 굽 비유
- 인레이 상담: 치아를 살리느냐 죽이느냐 운명의 갈림길이라는 비유
- 크라운 상담: 고목나무 비유
- 임플란트 상담: 토양이 잘 쌓여야 나무를 잘 심을 수 있다는 비유
- 통증 없지만 위중한 치아 상담: 응급실의 환자 비유

이렇듯 구구하게 어려운 용어를 늘어놓을 필요가 없다. 각각의 상황에 맞게 적절한 비유로 스토리텔링을 하면, 환자는 쏙쏙 이해가 된다. 환자는 다른 말을 쉽게 잊어버려도 비유는 절대 잊지 못한다.

비유는 어려운 설명을 뛰어넘고 단박에 상대가 이해되도록 하는 힘을 가지고 있다. 역사상 가장 많이 읽히는 성경을 보라. 성경이 수천 년 동안 이토록 많은 사람에게 널리 읽히고 감명을 줄수 있었던 원동력이 바로 비유에 있다. 성경에 나오는 예수의 가르침의 1/3이

비유다. 씨 뿌리는 자의 비유, 새 포도주 비유, 겨자씨의 비유, 방탕한 아들의 비유, 발밑의 등불 비유 등 수없이 많다. 사람들은 이 비유를 가슴에 깊이 새긴다.

상담자는 환자의 상황에 맞는 날카로운 비유들을 준비하자. 비유 하나가 수백 마디 이상의 역할을 톡톡히 해낸다. 비유로 이야기를 하면, 환자는 한발 더 치료에 동의를 한다.

PART
04

―

능력을 보여주는
치아교정 상담

상담자 능력은
교정 상담으로 결정된다

"지금도 충분히 미인이신데, 덧니가 해결되면 더 예뻐지시겠는데요."

내가 20대 후반의 여성 환자에게 말했다. 이분은 고등학교 선생님인데 한눈에 보기에도 많이 가꾸는 스타일이었다. 이 환자는 본래 교정 상담을 하러 치과에 온 게 아니고 신경치료를 받으러 온 환자였다.

일반적인 상황이면, 신경치료가 끝난 이 환자를 그대로 돌려보내는 게 당연했다. 하지만 때로는 니즈가 없는 환자에게 니즈를 만들어내는 것이 일류 상담자의 자질 중 하나이기에 도전을 해보기로 했다. 이 환자에게 덧니가 있는 걸 보고 덧니 교정을 유도했다. 애초에 이 환자는 덧니 교정에 대한 관심과 욕구가 적은 상태였다. 교합이 좋았고, 덧니가 흉하지 않았다. 따라서 이 환자에게 교정의 니즈를 환기하는 게 필요했다. 이는 곧 관심과 욕구가 없는 사람에게 그것을 불러일으키는 것을 말한다.

그래서 내가 환자의 마음을 움직일 수 있는 말 한마디를 했다. 그게 바로 앞에서 언급한 말이다. 덧니를 해결하면 더 예뻐지실 거라고 말함으로써, 교정에 관심이 없던 그 여성 환자에게 교정에 대한 니즈를 생기게 했다. 사실, 그 여성 환자는 고등학생 때 잠시 고민하다가 교정을 진행하지 않았다. 10년이 지난 지금 교정을 잊고 있었던 그 여성 환자가 눈빛을 반짝거렸다. 그리곤 내 말에 관심을 표하면서 말했다.

"아무래도 학생들을 가르치는 입장이다 보니, 입을 벌릴 때마다 덧니가 신경이 쓰이곤 했어요. 어릴 때 덧니 치료를 할까 말까 고민했다가 그냥 지나쳐버렸죠. 어른들이 덧니가 예쁘다고 하기도 해서요. 그런데 지금 내 나이에도 덧니 교정이 가능할까요? 만약 가능하다면 선생님으로서 더 멋진 모습을 보여주고 싶네요."

본래 여성은 아름다워지기 위해 수단 방법을 가리지 않는다고 본다. 그렇게 겁이 많다고 하면서도, 자발적으로 수술을 받는 여성분들이 많은 것을 보면 말이다. 이 여성 환자 역시 그랬다. 아름다워지려는 욕구에 충실했다. 그래서 결국 치과에서 덧니 교정 치료를 받기로 했다.

내가 이 환자에게서 덧니의 교정 치료 동의를 받아내자, 일부 직원들의 수군대는 소리가 들렸다.

"그냥 놔둬도 되는 덧니 하나 가지고 교정 치료를 받게 하다니 그렇게까지 할 필요가 있을까요?"

"지옥에 떨어지실 거예요!"

이는 뭘 모르는 말씀이다. 다른 치료에 비해 특히나 쇼핑환자가 많은 것이 바로 교정 치료다. 그냥 한번 들렀다가 가버리는 환자가 그렇게 많다는 말이다. 이는 백화점의 여성 의류 코너를 방문하는 쇼핑 고객과 같다. 하루에 백 명의 고객이 방문하면 90% 이상이 쓱 눈으로 보고 가거나, 이 옷 저 옷을 걸쳐보고는 그냥 나간다. 이렇듯 교정 환자 대부분은 왔다가 그냥 나가버린다.

그러면 상담자는 이를 그대로 구경만 할 것인가? 실력 있는 상담자는 달라야한다. 스쳐가는 쇼핑 환자를 붙들고 치과에서 치료를 받게 해야 하는 게 실력 있는 상담자의 몫이다. 상담자의 능력은 쇼핑 환자가 많은 교정 환자를 치료받게 하느냐, 그렇지 못하느냐에 따라 결정된다. 실력 있는 상담자는 애초에 치료를 받을 니즈가 없는 교정 환자로 하여금 니즈를 환기시켜서 교정 치료를 받게 만들어야한다.

그래서 치과에서는 교정 치료 동의율이 높은 상담자를 더 높이 평가한다. 상대적으로 임플란트 치료는 환자의 니즈가 있기에 상담이 상대적으로 수월하다. 이에 비해 니즈가 없는 교정 치료는 상담이 매우 어렵다.

실력 있는 자동차 판매 영업사원도 마찬가지다. 고객이 소형차를 사려고 매장을 방문한 후, 진열된 소형차를 죽 둘러보고 있다고 하

자. 그러면 실력 있는 판매 직원은 그 고객에게 다가가 고객에 대한 정보를 얻은 후 이렇게 말을 건넨다.

"이번에 S사로 스카우트 되셨다고요? 거기는 테헤란로에 있는 유명 벤처기업인데, 격에 맞게 중형차를 타시는 게 좋지 않을까요? 사장님 정도면 여기 보시는 중형차를 타셔야 이미지가 더 좋아지실 겁니다."

이 말을 들은 고객에게 즉각적으로 니즈가 생긴다. 자신의 격을 맞춰주고, 이미지를 더 좋게 해주는 중형차 구매 욕구가 일어나는 것이다. 이렇게 해서 실력 있는 자동차 판매 직원은 애초에 중형차에 대한 니즈가 전혀 없는 고객에게 니즈를 환기시킴으로써, 중형차를 팔아치운다.

모든 치과에서 가격만 물어보고 그냥 나가는 교정 치료 환자를 어떻게 붙들어 맬 것인가에 대한 고민이 많다. 본래 교정 치료는 쇼핑 환자가 많다. 그렇다면 어떻게 쇼핑 환자에게 교정 치료를 받게 할 수 있을까?

그렇다. 없는 니즈를 환기시키는 게 답이다. 애초에 할 마음이 없는 환자에게 할 마음이 들게 만들어야 한다. 이렇게 하려면 환자에게 치료를 해서 생기는 미래의 이득을 제시하는 게 효과적이다. 교정치료를 함으로써 얻어지는 미래의 이득을 분명하게 말해줘라. "더욱 예뻐지세요", "잘 씹을 수 있으며 얼굴 밸런스가 맞춰져요", "훨씬 깔끔하고 호감적인 인상을 줍니다"라고 환자에게 말하라. 그러면 환자는 니즈에 환기가 되어 교정 치료의 작은 씨앗을 마음에 심게 된다.

그러면 니즈가 있는 교정 상담의 주요 특징에 대해 알아보자. 다른 치과 상담과 다른 교정 상담의 특징은 5가지이다. 이러한 특징 하나 하나를 잘 숙지한 후 상담에 임하자.

1. 쇼핑환자의 비중이 절대적으로 높다.

2. 환자는 어느 정도 비용이 들어가는 것을 각오하고 있다.

3. 상실보다 획득에 대한 이득을 강조해야 한다.

4. 심미 패키지의 권유가 용이하다.

5. 일반 치과진료와 다른 미묘한 거절요인들이 존재한다.

교정 환자는
진단에 올인하라

"우선 진단을 받아보세요. 당장 교정 치료를 하지 않더라도 치아 상태를 검사해두는 것이 필요합니다. 어느 치과든지 교정을 하려면 우선 진단을 해야 하니까요. 모처럼 치과에 바쁜 걸음을 하셨으니 우선 진단을 받아보세요. 언제 또 치과에 오실지 모르잖아요."

내가 교정 상담을 하는 30대 중반 여성 환자에게 말했다. 처음에는 가격만 물어보고 그냥 나가려는 눈치였다. 그 환자의 치아 상태는 1급 부정 교합으로, 위턱과 아래턱에는 문제가 없지만 일부 치아가 제대로 자리 잡지 않고 비뚤한 상태였다.

이야기를 나누다 보니, 아이가 한 명인 가정 주부였다. 차림새가 수수했고, 그다지 사회생활을 많이 하지 않았다. 이 여성은 외모에 그다지 큰 관심을 갖고 있지 않는 듯했다. 이 여성의 머릿속에 1순위는 '살림'인 것으로 봤다. 아름다움에 대한 추구는 뒤로 밀린 것이다.

이런 경우 환자에게 잘 먹히는 방법이 있다. 앞서 말했던 대로, 우선 진단을 받게 하는 것이다. 교정 치료를 하려면 다양한 정밀 검사를 해야 한다. 정밀 진단은 교정 치료를 위해 필수적인 절차이다. 그런데 이 비용은 교정치료 비용이 5백만 원대인 것에 비해 불과 10만 원대로 상대적으로 적다. 따라서 진단을 받도록 하면 환자는 이런 반응을 보인다.

"비용이 얼마 안 되는 거니까 진단을 받아볼게요. 나도 치아 상태가 매우 궁금하기도 하구요."

이렇게 해서 환자가 일단 진단을 받으면 놀라운 일이 생긴다. 진단을 받기 전 환자는 스쳐가는 쇼핑환자에 지나지 않았다. 하지만 유료 진단을 받고 나면 교정 치료 동의율이 무려 95% 이상 급격히 상승한다. 실제로, 진단을 받은 환자와 그렇지 않은 환자의 치료 동의율에 엄청난 차이를 보인다. 진단을 나중에 받겠다면서 돌아간 환자가 교정 치료를 받는 비율은 매우 저조하다. 이에 비해, 우선 진단을 받은 환자는 해당 치과에서 거의 다 치료를 받는다고 해도 무방하다.

왜 이런 일이 생길까? 환자 입장에서 치과에 적은 돈이나마 진단 비용을 지불했다면 그 순간 그 치과에 주도권이 넘어가기 때문이다. 기왕에 지출한 10만 원대 돈의 가치를 무시하지 못한다. 교정 치료를 받지 않으면 그 돈을 날려버린다. 더욱이 일단 진단을 받고 나면, 교정 치료에 대한 필요성이 더욱 증폭이 될 것은 당연지사. 따라서 진단 결과를 놓고 다시 상담자와 대면을 하면 사실 주도권은 상담자에게 넘어온 상황이라고 봐야 한다.

이만큼 교정환자에게 유료 진단을 유도하는 게 매우 중요하다. 이때 주의할 점은 환자를 우대해준답시고, 진단 비용을 지나치게 싸게 하면 안 된다는 것이다. 비용이 2~3만원대로 확 낮추면, 환자는 진단으로 지불한 돈을 쉽게 포기할 수 있기 때문이다. 적어도 10만원대의 금액으로 진단 비용을 받아야, 환자를 잡아매는 효과를 강력하게 거둘 수 있다.

많은 신입 교정 상담자들에게 나는 이렇게 강조한다.

"첫날 승부를 걸지 마세요. 그날은 진단에만 올인하세요. 두 번 보게 만드세요. 이렇게 해서 진단에만 올인하면 환자가 저절로 끌려오게 되어 있습니다. 교정환자 상담의 핵심은 전반과 후반으로 나누라는 것입니다."

참고로, 상담자는 머릿속에 선명하게 그려놓고 있어야할 것이 있다. 교정 치료의 4단계 프로세스다. 임상 검사, 첫 교정 상담, 정밀 진단, 교정치료가 있다. 다음을 살펴보자.

❶ 임상 검사: 치과에 처음 방문한 환자의 대략적인 치아 배열 상태를 확인하는 과정으로 얼굴 형태 및 입안 구조 등에 대한 검사가 이루어진다.

❷ **첫 교정 상담:** 임상 검사를 토대로 교정 치료의 방법과 기간, 예상 비용을 말해주고, 환자의 상태를 알아보는 과정.

❸ **정밀 진단:** 정밀하게 검사를 하는 과정으로 총 여섯 과정이 있다.

① X-선 사진 촬영: 이 단계에서는 얼굴 옆모습의 전체적 윤곽과 아직 나오지 않은 치아 상태를 파악할 수 있다. panorama X-선 촬영, Cephalo X-선 촬영, 정면 X-선 촬영, 턱관절 사진 촬영, 손마디 X-선 사진 촬영이 있다.

② 인상 채득 및 모형 제작: 본뜨고 나서 석고 모양을 제작.

③ 임상 사진 촬영: 의학용 전문 사진기로 환자의 정면과 측면을 촬영, 얼굴 모습과 구강 내 치아와 주위 조직을 살펴볼 수 있다.

④ 설문 조사: 교정 치료에 필요한 환자의 질환, 치아 병력, 턱관절 증상, 턱 관절에 안 좋은 습관 등을 조사.

⑤ 분석 및 치료계획 수립: 지금까지의 정밀 진단 자료로 최종 치료 계획을 수립하는데 교정 치료 장치, 치료 순서, 치료 기간 등을 결정한다.

⑥ 정밀 교정 진단: 앞서 수립된 치료 계획으로 최종적인 상담을 하는 과정으로 치료 동의를 얻는 단계.

❹ **교정 치료 :** 교정 장치에 맞게 치료를 시작하는 단계.

여기에서 교정 환자의 동의율을 높이기 위해서는 상담을 두 번 나눠야한다. 첫날 1차 상담에는 유료진단을 받아내야 하는데, 간단한 파노라마 사진과 의사의 견해 정도의 정밀진단을 권유하는 것까지가 목표가 된다. 첫날에는 어차피 정밀 진단자료 없이 예단은 금물이며, 치과에서 자세하게 이야기 해줄 수 있는 것이 없다.

첫날 상담을 할 때 절대 무리하게 비용을 포함한 교정 치료 전체를 유도하지 말자. 환자가 지레 겁먹고 도망 가버린다. 환자 입장에서는 간단한 검사 몇 개 하고 나서 수백만 원대의 교정 치료를 하자고 제시받으면 거부감을 갖는다. 이에 반해 정밀하게 다양한 진단을 한 후 고가의 교정 치료를 제시받으면 신뢰감을 갖는다. 상담자는 오로지 환자로 하여금 진단을 받게 하는 데 올인하라. 이후에는 가장 쉬운 상담 대상자들만 만날 것이다.

합리적 수가를 제시하는
스타벅스 상담법

"스타벅스 커피 일주일에 몇 잔 드세요?"

교정 치료 상담을 하는 20대 여성에게 질문했다. 이 여성과의 2차 상담 약속이 잡혔을 때 미리 스타벅스 커피 두 잔을 준비해놓았다. 나는 책상 위에 스타벅스 커피를 놓고 그 여성을 맞이했다. 대개의 여성들은 스타벅스 커피 브랜드를 매우 좋아한다. 그래서인지, 그 여성 환자는 기분이 좋아서 자리에 앉으면서 미소를 지었다.

곧바로 커피를 마시면서 상담이 진행되었다. 인간관계의 만남에서는 첫인상이 매우 중요하다. 그런 점에서 상담자로서 나는 많은 점수를 얻은 셈이다. 여성 환자는 상담자인 내게 호감을 갖고 상담을 하게 된다. 얼마 지나지 않아 교정 치료 비용 이야기가 나왔다.

이때, 내가 자주 쓰는 멘트는 앞서 언급한 말, 스타벅스 커피를 일주일에 몇 잔 마시냐고 물어보는 것이다. 대개의 환자는 일주일에 몇 잔 마신다고 털어놓는다. 그러면 이것을 매개로 해서 500만원대 고가 교정 비용을 낮은 듯 착시 효과를 연출할 수 있다. 이렇게 환자에게 말한다.

"일주일에 세 잔 마신다고 하고 벤티 사이즈 한잔을 줄인다고 합시다. 한잔이 5천1백 원이니까 한 달이면 20,400원을 아낄 수 있지요. 이게 일 년이면 244,800이고, 20년이면 무려 4,896,000원을 줄일 수 있습니다. 여기서 잠깐만요. 교정치료 비용이 5백만원인데요 한번 교정 치료를 하면 평생 치아가 가지런한 채로 살아가는 거잖아요. 몇 년 있다가 원래대로 돌아가는 게 아니지요. 그렇다면, 일주일에 커피 한잔 값만 줄이면 그 비용으로 치아를 교정할 수 있다는 말입니다. 따라서 결코 교정 치료가 주는 이득에 비해 비용이 비싼 게 아닙니다. 그래도 비용 때문에 교정 치료를 망설이시겠습니까?"

이렇게 하면 환자는 5백만원대의 비용이 결코 높지 않으며, 교정 치료를 받을 합리적인 명분을 만들게 된다. 일주일에 한번 스타벅스 한잔을 줄인다면 자신이 치아교정을 하여 아름다운 이미지를 만들 수 있다고 본다. 그러곤 교정 치료 동의를 한다.

이 상담에서는 세일즈의 유명한 '잘게 쪼개기 기법'을 활용했다. 비싼 가격을 주별, 월별, 년별 등으로 쪼개어 제시하는 것이다. 이렇게 하면 고객은 지불할 의사가 있는 가격에서 추가된 금액을 쪼개어서 비교함으로 해서 가격 부담이 줄어든다. 예를 들어, 고객이 노트북 가격을 200만원으로 예상하고 왔는데 실제 가격이 300만원이라고 하자. 이때 영업자는 300만원의 가격을 주별, 월별, 년별로 커피 한잔 아끼는 가격으로 쪼개서 제시한다. 그러면 고객은 예상 가격에 추가된 100만원에 해당하는 금액을 커피 한잔 아끼는 가격으로 환산한다. 이렇게 해서 고객의 가격 부담이 대폭 줄어든다.

세계적인 세일즈 교육가 지그 지글러가 자택을 살 때 일이다. 그와 아내는 너무나 마음에 드는 저택을 찾았지만 가격이 예상치보다 1만8천 달러가 더 비쌌다. 지그 지글러는 아내에게 비싸서 구입하지 못한다고 말했다. 그러자 아내가 남편 지그 지글러를 설득하기 위해 '잘게 쪼개기 기법'을 사용했다.

"여보, 우리가 이 저택에서 최소 몇 년 살죠?"

"최소 30년 이상이죠."

"그렇담 1만8천 달러를 30년으로 나눌 경우, 1년이면 얼마가 되죠?"

"그야 600달러죠."

아내가 또 물었다.

"그러면 한 달에, 그리고 하루에는 얼마죠?"

"한 달에는 50달러고 하루에는 단돈 1달러 70센트죠."

남편의 대답이 끝나기 무섭게 아내가 말했다.

"여보, 당신은 사랑하는 아내가 행복해지기 위해 하루에 단돈 1달러 70센트를 지불하는 것을 아끼겠어요?"

이에 지그 지글러는 아내의 재치에 멋쩍은 웃음을 지으며 흔쾌히 저택을 사기로 결정했다.

치아상태가 심각한 환자는 3급 부정교합 환자다. 이는 위턱이 아래턱보다 작아서 뒤로 갔을 경우로 일명 주걱턱이라고 한다. 위아래 턱의 성장의 부조화로 생긴다고 보면 된다. 상담자의 입장에서 볼 때, 환자가 대면 시 다음 세 가지 특징을 보이면 3급 부정교합이라고 볼 수 있다.

- 얼굴이 오목해 보이고, 턱이 유난히 길다.
- 아랫입술이나 턱이 더 앞으로 나왔다.
- 전체 얼굴 중 턱이 더 도드라져 보인다.

이 원인은 치아 숫자, 형태, 배열 상태 등 유전적 요인이나 잘못된 자세, 생활습관이 겹쳐서 생긴다. 턱을 손으로 괴거나 책상에 엎드리는 습관, 구강 호흡 중에 턱을 내미는 습관, 전치부 반대교합을 방치한 경우에 생긴다.

이렇게 해서 부정교합이 생기면 치아에 음식물이 자주 끼어 구취, 치주질환, 충치 위험이 높아진다. 특히 섬유질이 많은 음식을 잘 씹지 못해 소량 불량에 걸리기 쉽다. 특히나 정신건강에도 좋지 않은데 나쁜 얼굴 이미지 때문에 자존감을 상실한다.

만약, 이 3급 부정교합 환자와 2차 미팅을 했는데 환자가 비용 부담을 느낀다면 앞서 언급한 스타벅스 커피 이야기를 하면서 '잘게 쪼개기 기법'을 사용해 보도록 하자. 그래도 일부 환자가 결정을 내리지 못하는 경우가 있다. 이때는 추가적으로 미래 예상 치료비용에 비해 현재 치료비용이 저렴함을 대비해서 제시하는 게 좋다.

"부정교합을 제때 치료하지 않으면 나이가 들면서 치아 상태가 더 나빠집니다. 어금니가 차차 앞으로 쓰러져서 앞니가 불규칙하게 변하죠. 게다가 턱 관절 장애가 생깁니다. 그때 가서 양악 수술을 하려면 엄청난 비용이 생기며, 수술 위험이 높아 가끔 사망사고가 생기기도 합니다. 그러니까 조금이라도 이른 나이에 교정 치료를 하는 게 좋습니다. 치료 효과가 좋은 것은 물론 비용이 상대적으로 매우 쌉니다. 치료가 안전하기도 하구요. 그래도 커피 한잔 값이 아깝게 느껴지십니까?"

작은 비용 차이를
극복하는 요령

"다른 치과보다 50만원이나 더 비싸네요. 그렇담 좀 생각해봐야겠어요."

"진단을 해놔서 여기에서 교정하려고 했는데 왜 다른 치과와 가격 차이가 있나요?"

"다른 교정치과는 여기보다 싼데요."

교정 치료 환자와 상담을 할 때 이런 불만을 토로하는 경우가 있다. 이 환자들의 경우 상담을 진행한 치과에서 교정 치료를 하려고 생각 중이다. 그런데 막상 상담자로부터 비용을 듣고는 마음이 흔들린다. 수십만 원대의 비용이 더 비싸기 때문이다.

이때 환자는 쉽게 치료를 동의하지 못한다. 이는 사람이면 누구나 마찬가지다. 바가지를 쓰는 기분 때문이다. 이처럼 비용이 다소 차이가 나는 일로 해서 환자가 돌아서는 일이 가끔 생긴다. 실력 있는 상담자는 다른 치과와 비교해 다소 높은 교정 치료비용이 생길 경우 이에 대한 대비를 꼼꼼히 해야 한다. 이에 대해 내가 새내기 상담자에게 이렇게 강조하고 있다.

"두 가지 대책이 있습니다. 하나는 비용 쪼개기로 곧 분납하는 것이고, 다른 하나는 가격 외적으로 치과의 가치를 내세우는 것입니다. 의사의 전문성과 치과 분위기, 상담자와의 관계성이 그것입니다. 이두 가지만으로 충분히 가격 차이에서 오는 환자의 저항감을 해소시킬 수 있습니다."

먼저, 비용 분납에 대해 알아보자. 일상에서는 할부라는 말을 많이 쓰고 있다. 이것의 요점은 정해진 기간만큼 비용을 분할 지불하게 하는 세일즈 기법이다. 스마트 폰을 비롯해 꽤 값이 나가는 제품을 판매하는 영업자가 자주 쓰는 방법이다. 고객 입장에서는 한 번에 목돈이 나가는 부담을 피할 수 있어서 좋다. 그래서 더 많은 고객이 분납곧 할부를 선호하기에 제품 판매에 유리하다.

이는 비용 차이에 민감한 치과 교정 환자 상담에서 활용 가치가 높다. 상담자는 많은 비용을 쪼개서 제시하기 때문에 환자가 비용 부담에서 자유로워진다. 자주 드는 예를 살펴보자.

> **벤츠 E 클래스 살롱**
>
> 차량 가격 : 69,600,000
> 선납금: 20,880,000 - 30%
> 대출금: 48,720,000
> 유예금: 35,496,000
> 잔존가치 보장금액 : 35,496,000 - 36개월
>
> 월납입액 예상 견적
> 월납입금: 629,490

차 분납 세일즈 사례이다. 선납금을 낸 후 36개월로 쪼개면 결국 월 60만원가량으로 벤츠를 구입할 수 있다는 말이다. 맨 앞에 크게 부담을 주는 69,600,000의 비용이 온데간데없이 사라졌다. 월 60만 원가량만 지불하면 벤츠를 몰수 있다는 결론이 나온다. 그래서 차 회사에서는 이렇게 홍보한다.

'월 60만원으로 벤츠 오너가 되십시오.'

많은 고객은 이 분납의 마법에 빠져들고 만다. 하지만 냉정하게 봐야 할 것은 선납금으로 이미 국산 중형차 한 대 가격을 지불해야한다는 점과 유예금이 있다는 점이다. 하지만 대부분의 고객은 이를 간과하고, 덥석 벤츠 구매를 하고 만다.

따라서 상담자는 가격 차이에 저항감을 갖는 교정 환자에게 분할 납부를 제시하는 게 좋다. 이 경우는 금융사를 통해서 하는 게 환자의 변심 등에 대비를 할수 있다. 분할 납부에는 두 가지가 있다. 하나는 전액 할부하는 방법, 다른 하나는 일부 1~2백만원을 받고 나서 나머지를 할부하는 방법이다. 개인적으로는 후자를 선호하는 편이다. 그래야 환자의 변심과 불만을 사전에 막을 수 있다.

크라운, 임플란트 치료의 경우 50만원이나 1백만원의 비용 차이가 생기면, 상담이 거의 불가능에 가깝다. 환자는 다른 치과로 가버린다. 하지만 교정 치료는 다르다. 환자가 1년 반에서 최대 3년 치과를 주기적으로 방문하기 때문에 분납 시스템을 활용하여 차이가 나는 비용에 대한 저항감을 최소화시킬 수 있다.

다음, 치과의 가치에 대해 알아보자. 십 수 년 간 교정 치료 환자와 사소한 가격 차이 문제로 신경전을 벌여왔다. 이때 환자로 하여금 다소 높은 가격에 대한 저항감을 줄이는 방법으로 치과 가치를 내세우는 것을 경험적으로 터득했다. 환자는 비싼 치료비용에 그만한 가치가 있으면 기꺼이 비용을 지불하고자 한다. 그러므로 비용이 비싼 만큼 치과의 가치를 보여줘야 한다. 치과의 가치를 결정하는 요소는 세 가지가 있다.

첫째, 의사의 전문성이다. 의사가 교정 치료 전문의라는 점을 내세움으로써 높은 비용을 합리화시킬 수 있다. 이 경우 의사의 교정 치료 전문의로서 경력을 구체적으로 잘 피력해야한다. 그래야 환자가 의사의 전문성을 존중한다. 요즘은 특히 교정의 경우 전문의 실명제를 하고 있고, 치과명이 교정학회 홈페이지에 게시되어 있기에 젊은 엄마들은 기본적으로 그것을 확인한다고 보고 상담에 임해야 한다.

둘째, 치과의 분위기다. 퀄리티 높은 치과 인테리어 분위기와 치과 내부에서 느껴지는 특유의 품격 있는 아우라를 높이 평가하는 환자가 있다. 이런 환자는 다소 높은 비용에도 순순히 지갑을 연다.

셋째, 상담자와의 관계성이다. 교정 치료 환자는 1년 반에서 보통 2년 전후 치과를 방문해야한다. 그만큼 자주 상담자와 접촉을 한다. 따라서 상담자와의 관계성이 환자의 미묘한 가격 차이에 대한 부담을 떨쳐버릴 수 있다. 상담자는 평소 밝은 미소로 맞이하면서, 기다리지 않게 하고 또 서비스를 잘해주고, 좋은 재료를 해드리고, 충치 체크와 일부 비용 혜택을 해드리자. 그러면 환자는 자신을 잘 챙겨주는 치과에 마음이 끌린다.

작은 비용 차이로 교정 치료 환자를 놓친다면 진정한 상담자라고 할 수 없다. 분할 납부와 치과의 가치 내세우기를 통해 환자를 반드시 치료받도록 하자. 환자는 상담자가 하기 나름이다.

치료 동의율을 높이는
질문 3가지

"교수님은 어떻게 말을 하기에 교정 환자 치료 동의율이 높으십니까?"

"교정 환자에게 어떻게 말을 하면 좋을까요?"

새내기 상담실장들로부터 자주 듣는 질문이다. 특히 쇼핑환자가 많은 교정환자로 인해 고민이 많기 때문이다. 어설프게 준비하고 교정 환자와 상담을 했다가는 백전백패를 할 수밖에 없다. 나 역시 십수 년 전 초보 상담자일 때는 많이 깨졌다. 하지만 무수한 실패를 겪으면서도 그냥 주저 않지 않았다. 각고의 노력으로 상담 화법을 연구한 끝에, 교정 환자를 쉽게 설득시킬 수 있는 세일즈 질문법을 찾아냈다.

고객을 설득하여 제품을 팔기 위한 세일즈 질문법의 위력은 참으로 대단하다. 질문을 어떻게 하느냐에 따라 고객의 마음이 천지차이기 때문이다. 세일즈 달인들은 알고 보면 모두 질문의 달인이다. 내가 보기에 치과 상담자로서 꼭 알아야할 세일즈 질문은 3가지다. 이 것만 숙달되도록 잘 연습을 한다면, 교정환자의 귀를 솔깃하게 만들어 치료 동의를 하게 만들 수 있다. 이와 함께 치과에서 인정받는 상담자가 될 수 있을 것이다.

본격적인 질문법을 구사하기 위해서 상담자는 교정 환자의 치료 방해 요인을 철저히 파악해야한다. 환자가 치료를 망설이는 이유를 알아야한다. 통상 방해 요인은 돈, 통증, 시간에 대한 저항이 대부분이다. 각각에 대해 예측하는 환자의 마음을 반드시 읽어내야 한다.

- 얼마 정도의 비용을 예측하고 있는가?
- 얼마 정도의 통증을 예측하고 있는가?
- 얼마 정도의 내원 시간을 예측하고 있는가?

이렇게 환자의 속마음을 꿰뚫고 난후, 환자를 대하면 마음이 편하다. 그러면서 환자의 마음을 쥐락펴락할 수 있을 것 같은 자신감이 든다. 이때 세 가지 질문을 구사하자.

1. 폐쇄형 질문(Closed-Ended Question)
이는 내가 원하는 답 중에서 선택권만 상대에게 부여하는 질문이다. 개방적으로 질문을 하면 환자가 답할 수 있는 선택지가 많다. 이에 따라 치료 동의 방해 요소가 생긴다. 그러므로 애초에 다른 선택지가 나올 가능성을 차단하자. 오로지 내가 원하는 답 중에 하나를 고르게 하자. 크게 두 가지 폐쇄형 질문이 있다.

<주요 통증에 대한 폐쇄형 질문>

"가장 불편하신 곳이 어디신가요?"

<주요 관심사에 대한 폐쇄형 질문>

"가장 먼저 치료하고 싶은 곳이 어디신가요?"

"화요일과 목요일 중에 언제가 가장 편하신가요?"

"심미성, 기능성, 내구성, 적합성 중 가장 중요한 것은 무엇인가요?"

2. IF 가정법 질문

이는 환자가 치료를 망설이거나 거절할 때 활용하는 질문이다. '만약'이라는 말로 시작하여 환자가 혹할 수 있는 상황을 질문으로 제시한다. '만약(IF)'이라고 질문하면서 의사를 물으면, 환자는 무의식적으로 상담자의 유도에 끌려간다. 이렇게 질문을 해보자.

"만약, 통증이 적다면 치료를 하실 수 있겠습니까?"

"만약, 비용 부담이 없으시다면 치료를 받을 수 있겠습니까?"

"만약, 부담되신다면 중요한 치료만 일단 치료하시는 것은 괜찮으

3. 반사 질문(Reflecting Question)

이는 환자의 마음을 떠보며 실제와 마음 속 오차를 줄이기 위한 질문이다. 통상적으로 환자가 질문하면 상담자가 친절하게 답하는데, 이는 잘못이다. 이렇게 되면, 상담자가 환자의 의지대로 끌려가고 만다. 이를 피하려면, 환자가 던지는 질문을 받아서 다시 질문으로 되돌려줘야 한다. 환자의 질문 세 가지 각각에 대한 반사 화법 세 가지의 예를 보자.

<환자의 질문>		<상담자의 반사 질문>
"비용은 얼마 드나요?"	→	"얼마 정도 금액이면 부담이 없으시겠습니까?"
"치료 기간은 얼마나 걸리나요?"	→	"언제까지 치료를 마쳐드리면 괜찮으시겠습니까?"
"치과에 몇 번 나와야 하나요?"	→	"치과에 몇 번 나오면 괜찮으시겠습니까?"

치과 상담자를 대상으로 한 여러 기관의 상담 교육 과정을 보면 무수히 많은 세일즈 화법을 가르치는 것을 볼 수 있다. 한데, 그 수많은 것을 일일이 숙지하기가 쉽지 않다. 자신컨대 치과 상담을 위해 필요한 건 딱 세 가지 질문이라고 본다. 이것만을 완벽하게 마스터하자.

꼭 알아둬야 할
교정 장치 8가지

"데이몬 교정이 좋은 것 같기도 하고, 클리피 씨가 좋게 생각되기도 해요. 이 둘의 차이가 뭔가요?"

치아 교정 상담을 하러온 여대생이다. 이 환자는 일반인이 접하기 쉽지 않은 장치 이름을 알고 있었다. 나는 당황하지 않고 교정 장치에 대해 설명해주었다.

"데이몬 클리어와 클리피 씨는 유사한 자가결찰 방식이라는 공통점이 있는 장치인데 회사가 다릅니다. 이 두 장치는 공통적으로 심미적이고 치아 이동이 적어 통증이 덜하며, 교정 치료기간이 짧습니다. 차이점은 데이몬 클리어가 조금 비싸다는 것입니다."

여대생 환자가 눈을 반짝이며 말했다.

"내가 공무원 시험을 공부하고 있는 학생 신분이거든요. 그렇다면

둘 다 시간을 많이 뺏지 않아서 좋은데, 그 중에서도 가격이 조금 낮은 클리피 씨를 하는 게 좋겠어요."

이처럼 환자가 교정 장치에 대해 숙지한 상태에서 방문하는 일이 많다. 주로 인터넷을 통해 자기에게 적합한 몇몇 교정 장치를 살펴보고 나서 상담을 한다. 어떤 환자는 다짜고짜 특정 교정 장치를 해달라고 요구하기도 한다. 마치 두통이 심한 환자가 인터넷을 뒤져서 어떤 약이 좋은지를 알아낸 후, 약국을 방문해 특정 약을 달라고 하는 것과 같다. 그만큼 교정 장치 가격이 높기에 환자가 교정 장치에 대해 많이 조사를 하는 게 당연하다.

하지만 환자의 교정 장치는 치과 상담에서 결정되어야한다. 이때 상담자는 의사의 정확한 진단에 따라 환자에게 적합한 교정 장치를 추천한다. 이 과정에서 치료계획, 부착 위치, 의사의 실력 등이 중요한 고려 사항이 된다. 하지만 환자는 치과 전문적 내용에는 신경이 가지 않고 오로지 교정 장치에만 시선이 간다. 환자 입장에서는 장치만 쉽게 알아볼 수 있기 때문이다.

사실, 앞서 이야기한 데이몬과 클리피 씨의 가장 큰 차이점을 논하려면 와이어의 결찰방식이 액티브냐 패시브냐부터 시작을 해야 한다. 하지만 일반적 환자는 물론 어느 정도 교정치과에서 근무를 했던 치과위생사들도 해당 내용에 대해 자세히 아는 사람이 드물다.

상담자로서는 어쩔 수 없이 환자와의 눈높이를 맞춰야한다. 상담자는 우리 치과 원장님이 주력으로 사용하는 장치와 최신의 트랜드 모두 관심을 가지고 있어야한다. 그리고 전문성과 책임감을 가지고 치아 교정 환자에게 권유할 대표적인 교정 장치에 대해 잘 숙지하여, 환자가 충분히 납득이 될 수 있도록 설명해줘야 한다. 그래야 환자가 마음에 쏙 드는 교정 장치를 선택하고 치료를 결정한다.

그러면 환자와 상담 시 꼭 알아 둬야할 교정 장치 8가지를 소개한다.

1. 메탈 브라켓(Metal Bracket)

일명 '철길'이며 쇠로 된 장치다. 가장 많이 사용되는 은색 교정치료 장치로 정밀도 및 효율성이 우수하며 비용이 가장 저렴하기에 소아 교정에 많이 쓰인다. 단점은 안 예쁘다는 점이다. 그래서 청소년기 환자의 경우 남자 중·고등학생은 하지만 여자 중·고등학생은 기피 성향이 높다.

2. 레진 브라켓(Resin Bracket)

예쁘게 보이기 위해 하얗게 만든 교정 장치다. 세라믹 브라켓 교정 장치보다 투명도가 약간 떨어지지만 실제 치아에 교정 장치를 부착하고 나면 세라믹 교정 장치와 같은 효과를 보일 정도로 심미적이다. 낮은 강도를 가져 치아에 별 손상을 주지 않는다.

3. 세라믹 브라켓(Ceramic Bracket)

도자기 재질로 투명하여 심미적이며 변색되지 않는 장치다. 그러나 파절이 되기 쉬우며 가격이 비싼 단점이 있다. 성인 교정에 많이 쓰이는 재료다.

4. 클리피 씨(Clippy- C)

똑딱이 장치인데, 정확하게는 자가 결찰 브라켓을 이용한 교정 장치다. 클립형태 구조로 와이어 교체가 용이하고 캡 부분이 치아 색에 가까운 세라믹 재질로 되어 눈에 잘 띄지 않아 심미성 뛰어나다. 가장 큰 장점은 치료기간의 단축이다. 브라켓과 연결되는 와이어 간의 마찰력을 최소화하여 교정치료 기간을 3~6개월 정도 단축시켜주며, 내원 횟수가 기존 3~4주에 한번에서 6~8주에 한번으로 줄어들어 바쁜 직장인이나 학생에게 많이 추천된다.

참고로 클리피 씨는 세라믹 자가 결찰 장치 일본 토미사의 제품명인데 교정 장치의 대명사가 된 경우다.

5. 설측 교정

완벽하게 감출 수 있는 교정 장치다. 일반 교정보다 교정 치료비가 두 배 정도 비싸고 교정기간이 길어질 수 있다. 모든 경우에 적용되는 치료법이 아니다. 이것은 강사, 승무원, 상담원, 배우 등 교정장치가 보이지 않아야하는 직업을 가지는 분들에게 적합하다. 단점은 비용이 비싸며, 모든 유형의 부정교합에 적용되지 않는 것과 함께 장치가 안에 부착되었기에 혀 짧은 소리가 나올 수 있다.

6. 투명 교정

투명한 특수 플라스틱 장치를 이용한 교정 장치이다. 착용이 편리하고 구강 위생관리가 쉽다. 단, 모든 유형의 부정교합에 적용되지 않는다. 이 장치는 소비자가 더 예쁜 장치를 선호하는 니즈에 따라 생겨났다. 상담자는 의학적 측면에서 장치를 권유하기보다는 예쁜 것을 선호하는 환자의 니즈에 부합해야한다. 절대적으로 환자는 시각적으로 보기 좋은 장치를 원한다.

7. 인코그니토(Incognito)

설측 교정 장치의 하나로 환자의 치아를 초정밀 컴퓨터 시스템을 이용해 오직 그 환자 치아에만 완벽하게 맞도록 설계된 것이다. 금으로 제작되기에 비용이 천 만 원 이상으로 대단히 높다. 100% 환자 맞춤형 설측 장치이며, 발음 장애가 최소화되었다.

8. 인비절라인(Invisalign)

보이지 않는 투명한 플라스틱 틀을 최첨단 컴퓨터 기술을 응용하여 환자 개인별로 맞춤 제작한 교정 장치다. 처음 한 번의 치아 본을 뜨면 마지막 과정까지 컴퓨터 시뮬레이션으로 만들어진다. 참고로, 인비절라인은 미국 회사의 브랜드로 미국에서 장치가 제작되어 나온다. 단점은 투명교정 장치의 한계로 일반 교정과 병행하는 경우가 있다.

이상이 교정치과의 데스크에 근무하는 코디네이터와 상담자가 필수적으로 알고 있어야하는 교정 장치다. 이는 대부분의 환자들이 알고 있는 상태에서 상담자에게 물어보는 경우가 많다. 따라서 8가지 교정 장치는 환자가 묻는 것에 대비할 수 있는 최소한의 교정 장치에 대한 지식이라 할 수 있다.

교정 환자를 끌어당기는
마케팅 전략

치과는 에이스 상담자를 어느 과에 배치할까? 바로, 교정과다. 앞서 누누이 말했듯이 교정환자는 가격만 물어보고 가는 나비 같은 경우가 많은데 이 환자를 잡기 위해서는 실력자가 필요하기 때문이다. 한편으로는 애매한 실력의 상담자들이 꺼려하는 곳이 교정과이다. 다른 과에 있으면 어느 정도 상담 실력만 발휘해도 환자로 하여금 치료를 받게 할 수 있다. 하지만 교정과는 호락호락하지 않은 곳이다.

필자는 다년간 교정과를 맡아 운영하면서, 다양한 마케팅 전략을 활용해보았다.

이때, 무수히 시행착오를 겪었다. 그러다 수많은 마케팅 책을 보고, 마케팅 세미나에 참석하면서 치과에서 활용할 수 있는 마케팅 전략을 찾아보았다. 이 과정에서 치과에서 매우 효과가 높았던 마케팅 전략 두 가지를 정립할 수 있었다. 이 두 가지는 교정 환자에게 너무나 큰 효과를 발휘했다.

1. 미끼 상품(Loss Leader) 만들기

미끼상품은 가게에서 고객을 유인하기 위해 통상 가격보다 대폭 낮게 할인 판매하는 상품을 말한다. 이 상품이 미끼처럼 고객을 유인한다. 실제 예를 들어보자.

몇 년 전에 롯데마트 통큰 치킨이 큰 화제를 몰고 왔다. 그 대형 마트에서 파는 치킨 가격이 단돈 5천원에 불과했는데 맛 또한 일품이었다. 그러자 고객들이 이 치킨을 구매하려고 몰려들었다. 하지만 이 치킨은 가격이 너무나 쌌기 때문에 재료비, 인건비를 다 제하고 나면 절대로 수지타산이 맞지 않았다. 그런데 왜 롯데마트에서 손해 보는 장사를 했을까? 사실, 이 치킨은 미끼 상품이었다. 이 상품으로 이득을 보기보다 고객을 유인하는 데 목적이 있었다.

실제 고객으로서의 내 경험을 말한다. 이 미끼 상품이 출시되자 치킨을 좋아하는 나는 거리가 먼데도 불구하고 차를 몰고 그 마트를 방문했다. 동네에 단골 치킨 가게가 있었지만 나는 그 치킨을 사러 그 마트로 향했다. 그곳에 도착 후, 많은 사람들이 줄지어 있었기에 기다려야했는데 이때 충동구매를 했다. 충전기를 사고 나서 만두를 사먹었다가 결국에는 자동차 코너에 들러 자동차 액세서리를 구매했다. 이렇게 해서 결국 나는 오천 원짜리 치킨 하나를 사러 갔다가, 무려 10만원을 쓰고 말았다.

바로, 이 점을 노리고 롯데 마트는 미끼 상품 통큰 치킨을 내세운 것이다. 롯데마트의 마케팅 전략이 잘 맞아떨어졌다. 전체 매출이 쑥쑥 올라갔다. 하지만 얼마 지나지 않아 너무나 마케팅 효과가 좋은 나머지, 주변의 일부 소상공인에게 피해를 끼치는 바람에 판매중지를 결정할 수밖에 없었다.

미끼 상품의 효과는 매우 크다. 그렇다고 아무 상품이나 다 미끼 상품이 되는 게 아니다. 첫째, 고객이 좋아해야하며, 둘째, 품질이 좋아야하며, 셋째, 가격이 싸야한다. 그래야 미끼 상품으로서의 효과가 창출된다.

그렇다면 교정 환자를 강력하게 끌어들일 수 있는 미끼 상품으로는 어떤 게 좋을까? 다른 무엇보다 MTA(Mini Tube Appliance)교정, 일명 앞니급속교정을 적극 추천해드린다. 그 이유는 네 가지가 있다.

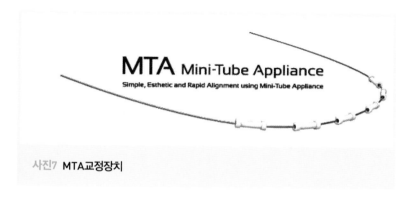

사진7 **MTA교정장치**

- 가격이 상대적으로 저렴하다 : 100만원 이하의 비용이 가능하다.

- 모양이 예쁘다: 얇고 가늘다.

- 치료 효과가 좋다: 특히, 앞니 틀어지는 것을 잡는데 좋으며 송곳니까지 걸 수 있다.

- 치료 기간이 짧다: 2~3개월

실제로 내가 근무하는 치과에서 이것을 미끼상품으로 내세웠었다. 그러자 이것 때문에 치과를 찾는 교정환자가 급격히 증가했다. 한데 싼 가격으로 치과에 수익이 별로 없었다. 치과에서는 이 교정으로 얻는 수익을 포기한 것이 마찬가지였다. 그 대신에 치과를 찾은 환자들은 대기하는 시간을 이용해 스케일링, 충치 치료, 진단을 했다. 이렇게 해서 유료 진단을 해놓은 환자들로 하여금 대부분 전체 교정 치료를 하게 유도하는 성과를 거두었다.

2. 포괄 수가(Diagnosis - related group: DRG) 제시하기

이는 간단히 추가 비용이 발생하지 않음을 말한다. 환자들은 정해진 비용으로 치료를 하는 것을 원한다. 도중에 추가 비용이 생기면 크게 화를 내며, 치과를 나쁘게 평가하는 글을 SNS에 올리는 일이 생긴다.

한번은 이런 일이 있었다. 모 주부 환자가 도중에 추가 비용이 생기자 맘 카페에 글을 올렸다.

J치과가 좋다고 해서 교정 치료를 받았거든요. 그런데 처음 말했던 비용에다가 또 추가비용이 생긴 거예요. 말이 달라진다는 게 너무 화가 나네요. 애초에 이렇게 비용이 많으면 그 치과에서 교정 치료를 받지 않았을 겁니다. 해도 해도 너무 하네요.

이런 일을 예방해야한다. 이런 일은 환자가 모름지기 돈이 더 드는 것을 좋아하지 않는다는 점을 무시해버린 결과다. 따라서 월비, 가철성 유지 장치(리테이너 상하 1세트), 고정식 유지장치(리테이너 상하 1세트), 진단비, 스크류 전부의 가격을 정해 놓아야한다. 일단 초반 상담에서 비용이 결정되면 교정 치료 기간이 늘어나더라도 절대 추가 비용을 요구하지 말아야한다. 이렇게 하면 환자는 합리적 가격에 대한 만족감으로 기꺼이 교정 치료를 받길 원하며, 치과에 신뢰감을 보낸다.

혹자는 스크류가 추가되거나 기간이 늘어나기 때문에 비용 변동이 불가피하다고 한다. 판매자의 입장만 보면 맞는 말이다. 그렇지만 지금은 소비자가 시장을 주도하는 시대이다. 추가비용이 얼마 나올지 알 수 없는 상태에서 치료를 받거나 상품을 구입하는 것을 선호하는 소비자는 단 한명도 없다는 점을 기억하자.

어느 정도 경력을 쌓은 상담자도 교정환자와의 상담이 쉽지 않다. 교정환자는 언제든 다른 곳으로 가버릴 가능성이 높기 때문이다. 이런 교정환자를 강력하게 붙들어 맬 수 있는 마케팅 비법은 미끼 상품 만들기와 포괄 수가 제시하기다.

PART
05

—

원내 가치를 결정하는
임플란트 상담

왜 임플란트 상담이
중요할까?

임플란트 상담은 교정 상담에 비해 경험상 수월한 편이다. 물론, 개인적 관점이다. 미용 목적이 아닌 치료 목적의 환자는 진단을 받고 가격만 납득이 된다면 치과에서 대부분 치료를 받는다. 따라서 임플란트 상담자가 교정치료 상담자처럼 적극적인 세일즈맨의 느낌이 나지 않는 게 사실이다. 그렇다고 임플란트 상담이 결코 치과에서 차지하는 비중이 작은 게 아니다.

임플란트 상담은 치과에서 매우 중요한 포지션에 놓여있다. 그 이유는 임플란트 치료가 치과의 다양한 진료 중에서 제일 큰 목돈을 벌어들이기 때문이다. 교정의 경우, 수가가 최대 천만 원을 잘 넘지 않는다. 이에 비해 임플란트의 경우 풀마우스케이스를 하면 최대 3~4천만 원의 수가가 나온다. 그래서 임플란트 풀마우스케이스를 한 환자를 가리켜, 입안에 최고급 승용차를 넣고 다닌다고 말한다.

이처럼 한 번의 치료로 엄청난 매출을 발생시키는 게 바로 임플란트 치료다. 치과 병원은 의료 기관이면서 동시에 사업체이기에 자금의 유동성이 매우 중요하다. 따라서 높은 임플란트 치료 동의율을 가진 상담자를 우대한다.

나는 종종 임플란트 전문 상담자를 탑건에 비유해왔다.

"톰 크루즈가 나오는 파일럿 영화 '탑건'이 있습니다. 한때 이 영화를 보고 많은 젊은이들이 공군 입대에 지원했다는 말이 떠돌았지요. 내가 하고 싶은 말은 '제1인자', '대가'라는 뜻의 탑건처럼 임플란트 전문 상담자 역시 치과에서 탑건 같은 존재라는 것입니다. 원내에서 영향력과 존재감을 보여주는 분이 바로 임플란트과 상담자들입니다."

나는 책의 서두에서 피력했듯이, 상담자에게 세일즈맨십을 강조해왔다. 그런데 일부 새내기 상담자는 이를 잘 받아들지 못하는 경우가 있다. 치과는 본래 의료 기관이라면서 세일즈는 치과와 잘 맞지 않는다고 생각한다. 이에 대해서 나는 내 입장만 고집하지 않겠다. 알아서 판단하기 바란다.

하지만 분명한 사실은 치과 역시 하나의 사업체라는 점이다. 돈이 들어와야 임대료와 직원 인건비, 각종 재료비, 치과 장비 할부금, 대출금 등을 감당할 수 있다. 이를 다 제해야 비로소 의사의 손에 들어가는 순수익이 남는다. 따라서 실제로 수많은 치과들이 해마다 개원하지만, 수익을 내지 못하는 치과들이 존재한다.

그 결과로 너무나 많은 치과들이 폐업을 하고 있다. 2017년 기준 13개 시·도에서 치과 개원 대비 폐업률이 무려 50% 이상이다. 전국에서 새로 1,059곳이 개원했는데 이 수치의 절반이 넘는 631곳이 폐업했다. 의사로서 큰 뜻을 품고 막상 치과를 개원했지만 절반 이상이 도태되어 버렸다.

과거에는 실력이 탁월했던 일부 의사들만의 전유물이었던 것이 난케이스 수술이었다. 그런데 지금은 상황이 달라졌다. 재료, 장비의 도움으로 치과의사들의 개인별 수준 차이가 크게 줄어들었다. 예컨대 과거에는 뼈의 상태에 따라 임플란트 수술의 가부가 결정되었다. 특히 골 이식재로 형태를 만드는 과정에서 재료의 특징 때문에 원하는 모양으로 쌓이지 않는다거나, 힘들게 모양을 쌓아도 정작 뼈가 만들어지지 않는 등의 문제가 있었기 때문이다. 그래서 의사들은 이런 악조건에서 임플란트 수술을 진행한 경우가 많았다. 하지만 지금은 다르다. 형태를 잘 잡아주면서도, 친수성이 높아서 튼튼한 뼈를 잘 만들어주는 프리미엄 골 이식재가 등장했기에 의사들이 어렵지 않게 수술을 할 수 있게 되었다.

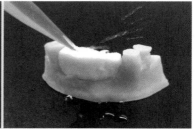

사진8 **Bio-oss, S1** 같은 프리미엄 골이식재의 개발로 술자는 원하는 형태의 뼈를 쉽게, 환자는 안정적이고, 수명이 긴 임플란트를 사용할 수 있게 되었다. 사진은 일반 골이식재(좌측)와 프리미엄 골이식재(우측)의 조작 안정성을 비교한 예시다.

이제는 기존 임플란트 고수들은 당연한 이야기겠지만, 상대적으로 내공이 부족했던 의사들도 과거에 비해 좋은 결과물을 만들어내는 시대가 된 것이다. 그 결과, 치과의사들의 임상 실력이 평준화되었기에 치과들의 차별성이 줄어들었다.

그만큼 치과들의 경쟁이 더 치열해졌으므로 의사는 치과 병원을 운영해나가기가 쉽지 않다. 그러므로 치과 의사는 휴머니스트 상담자를 별로 좋아하지 않는다. 대신에 치과 사업장에 도움을 주는 상담자를 더 선호한다. 치과의사도 기업의 오너이기 때문이다. 그래서 치과의사는 자기 신념에 도취한 상담자보다는 당장 실적을 내는 상담자를 더 치켜세운다. 이게 부정할 수 없는 치과의 현실이다. 때문에 치과에서는 특히 높은 수가의 임플란트 환자를 치료하게 만드는 상담자를 최고로 우대한다.

이제 치과는 여느 기업체 못지않게 효율을 중시해야하는 시대가 되었다. 양질의 진료를 쉽게 해내야 하는 시대인 것이다. 마냥 주어진 조건 내에 최선을 다하는 것만으로 부족하다. 하나의 토지를 갖고 일모작하는 것과 이모작, 삼모작을 하는 것의 차이가 크다. 똑같은 토지에서 농사를 짓지만, 이모작 삼모작을 하면 효율이 증대한다. 이렇게 되면 생산성의 비약적인 상승이 발생한다. 이처럼 치과에서도 주어진 조건 곧 정해진 시간, 체어, 인력으로 환자를 돌봐야하는데 이모작, 삼모작을 하듯이 효율을 높이는데 많은 노력을 해야 한다. 그래야 높은 매출을 기대할 수 있다.

여기서 진료 과목의 효율성과 매출을 짚고 넘어가자. 아래 예를 들어보자.

A 치과: 대부분 레진을 한다. 진료비가 5~6만 원대이다.

B 치과: 대부분 신경 치료, 크라운을 한다. 보험청구가 되고 50만 원대이다.

둘 중에 어느 치과 매출 효율이 좋을까? B 치과 매출이 열배 높아 보이지만 그렇지 않다. 왜냐하면 시간, 노력 대비 효율 곧 생산성이 낮기 때문이다. 결국, A 치과가 많은 환자를 받음으로써 더 많은 매출을 거둔다. 진료과목의 효율성 면에서 레진이 신경치료, 크라운보다 우위를 점한다.

이번에는 레진과 임플란트를 비교해보자. 이 역시 마찬가지다. 놀랍게도 레진보다 임플란트가 효율이 낮은 진료과목이다. 레진 20개를 하는 것이 임플란트 1개의 효율을 능가한다. 임플란트에는 치과에서 지출하는 기회비용과 유지 보수비용, 부대비용이 많기 때문이다. 전문 인력 배치, 수술실 관리, 재료 관리, A/S 등을 고려할 때 생산성이 생각보다 높지 않다. 상담자는 효율을 고려하면서 운영의 흐름을 잡아야 한다는 의미이다.

배치 효율의 예시를 하나 들겠다.

"우선 준비가 까다롭고 시간이 많이 걸리는 임플란트 환자 위주로 스케줄을 잡으세요. 여기에서 안주하지 말고 남는 시간에 짧은 시간으로 레진 환자를 많이 치료하도록 하세요. 이렇게 하면 임플란트 치료와 함께 레진 치료를 하여 효율성을 높임으로써 매출 증가가 보장됩니다. 두 마리를 토끼를 잡는 것입니다."

먼저, 환자의 생각을
파악하라

치과 상담은 궁극적으로 환자의 치료 동의율을 높이려는 목적을 가지고 있다. 이를 위해 상담자가 환자를 설득하는 과정이 요구된다. 이때 상담자와 환자 사이에 묘한 기싸움이 벌어진다. 상담자는 어떻게 해서든 적정 치료비를 받고 치료를 해드리려고 하는 반면, 환자는 최대한 낮은 비용을 지불하고자 하는 것과 함께 가능하면 치료를 안 받으려고 한다.

특히나 임플란트 치료 상담의 경우 기싸움이 매우 치열하다. 이 기싸움에서 지지 않고 이기려면 어떻게 해야 할까? 이때 필요한 게 『손자병법』에 나오는 유명한 구절, "지피지기면 백전불태(知彼知己 百戰不殆)"이다. 곧, 적을 알고 나를 알면, 백번 싸워도 위태롭지 않다는 뜻이다. 이에 따르면, 상담자가 환자를 알고 자신을 알면 기싸움에서 절대 위태롭지 않다는 말이다. 이는 곧 상담자는 무엇보다 환자를 잘 알아야한다는 말로 통한다. 자신에 대해서는 거의 다 잘 알고 있다.

하지만 치과 상담자가 이를 잘 따르지 않고 있는 경우가 많다. 주로 실패하는 상담자의 특징은 환자가 어떤 생각을 하고 있는지를 전혀 고려하지 않고 일방적으로 자신의 말만을 한다는 것이다. 자기만 아는 전문 용어를 구사하면서 상대가 이해하든 말든, 듣든 말든 상관없이 설명을 하면서 강요한다. 또 실패하는 상담자의 특징은 환자의 생각을 들어보는 시늉만 한다는 것이다. 환자가 하는 말을 듣는 척만 할 뿐 전혀 귀 기울이지 않는다. 이렇게 해서는 상대를 알 수 없다. 그래서 기싸움에서 밀려 전혀 설득을 하지 못하기에 백전백패하게 된다.

"상담자가 성실하게 재료를 설명해드리면 환자가 충분히 납득을 하지 않을까요? 성실하게 설명해드리기만 하면 환자를 설득시킬 수 있다고 보는데요."

새내기 상담자가 종종 이렇게 물어온다. 절대 그렇지 않다는 것을 다시금 강조해드린다. 이런 생각으로 새내기 상담자가 막상 상담을 하면 상세한 설명은 '설명용'이지 '설득용'이 아니라는 사실을 금방 깨닫게 된다.

거듭 말하지만 환자와의 기싸움에서 이기기 위해 환자를 잘 알아야한다. 어떤 말을 듣고 싶어 하는지, 환자의 생각을 잘 파악해야 한다. 대개의 임플란트 환자는 검진 이후 의사에게 가격을 물어보는데,

이때 의사는 상담실장이 설명해준다고 말한다. 그러면 임플란트 환자가 상담실에서 상담실장을 볼 때 어떤 생각을 할까? 바로, 이런 부정적인 생각으로 가득하다.

'돈 얘기하는 사람이구나.'

'많이 비싸게 부르겠지.'

'불편한 것만 해결하고 싶은데.'

'권하는 거 절대 하지 말아야지.'

이런 환자의 심리를 이해하는 것이 상담자의 첫 단추를 꿰는 일이다. 이것을 전혀 모르고 상담을 시작하는 것은 세일즈를 망치는 첩경이다. 세일즈의 달인은 하나같이 고객의 생각과 심리를 잘 파악한다. 그래야 고객의 마음을 비집고 들어가서, 원하는 것을 잘 캐치하여 세일즈의 최종 목적인 구매를 유도할 수 있다.

그러면 임플란트 상담자가 미리 알아 둬야할 환자가 갖고 있는 치과에 대한 부정적인 생각 네 가지를 소개한다. 대부분의 임플란트 환자가 이런 부정적인 생각을 갖고 상담자 앞에 앉는다고 보면 된다. 환자와의 기싸움을 이겨내어 최종적으로 임플란트 치료를 받도록 설득하기 위해서는 이 네 가지를 반드시 숙지해두자. 임플란트 환자에 대해 꼭 알아둬야 하는 것이다.

첫째, 고통에 대한 두려움이다.

임플란트 환자가 치과에 올 때는 이가 깨져서 혹은 이가 빠져서 오는데 환자 기분이 좋지 않다. 절대 설레는 기분으로 오지 않는다. 과장하면 도살장에 오는 기분이 드는 분이 있다. 특히나 임플란트는 두뇌에 가장 근접한 곳에서 진동과 소음을 내면서 진행하는 수술이다 보니, 환자들이 몹시 두려워한다. 임플란트의 생김새가 나사못처럼 생긴 것이 한몫을 한다. 무지막지하게 뼈에 구멍을 뚫고, 돌려 박는다고 생각하면 누구나 공포감에 휩싸인다.

얼마나 환자 입장에서 고통에 대한 두려움이 큰지를 보여주는 인터넷 글을 소개한다.

> 치과에서 아프면 말해주라고 하셔서서 아플 때 으으윽 소리 내고 파들파들해도 의사 왈 금방 끝날 거예요~ 조금만 참아요~ 하고 무한의 고통.
>
> 모르시는 분들이 많던데 치과에서 신경 치료할 때 아프면 말씀해주세요~ 라는 건 아파하면 멈춘다는 얘기가 아닙니다. 그냥 환자 신경의 위치를 확인한다는 말일뿐이죠. 의사는 여러분이 아픈 것에 상관하지 않아요.

둘째, 비용과 시간에 대한 부담감이다.

특히 임플란트 치료비가 매우 높다. 치과의 경우 보험수가는 전국 통일이 되었지만 비보험 수가는 치과마다 다 다르다. 게다가 치료 기간이 길다. 본뜨고, 조정하고, 체크하고 수개월 동안 치과를 방문해야한다.

셋째, 주관적 진단에 대한 불신이다.

내과의 경우 각종 검사의 객관적 수치를 근거로 진단을 내린다. 그런데 치과에서는 진단을 내릴 수치화된 근거가 객관화되어 있지 않다. 예를 들어 충치초기(C1), 충치중기(C2), 충치말기(C3), 치아파절(C4)을 진단 내릴 때 전적으로 의사의 주관에 의해 결정된다. 그래서 치과마다 다른 진단이 나오는 경우가 생긴다. 이런 결과로 환자는 진단에 대해 의심을 갖는다.

넷째, 강요하는 말투에 대한 거부감이다.

치과에는 의료 기관 특성상 위에서 아래로 지시하고 강요하는 말투가 보편화되어 있다. 급박한 의료기관 사정상 간결하고 수직적 의사소통이 당연히 일반적이다. 그런데 환자와의 대화에서 습관적으로 의사는 권위적인 말투를 당연하게 인식하고 있다. 문제는 이를 상담자가 그대로 답습하고 있다는 점이다. 하지만 환자 입장에서는 이게 너무 거북하다. 자신의 말을 들어주지 않고, 충분히 납득시켜 주지 않는 상담자에 대한 불만이 많다.

인간은 본능적으로 설득당하는 것을 싫어하는 동물이다. 따라서 처음부터 임플란트 환자는 요리조리 빠져나갈 생각을 한다. 결코 상담자에게 호의적이지 않다. 환자는 네 가지의 부정적인 생각을 갖고 있기 때문이다. 따라서 실력 있는 상담자는 환자의 그 마음을 잘 헤아려서 릴렉스를 해줘야한다. 이렇게 하는 게 환자와의 기싸움에서 밀리지 않고 설득을 위해 내딛는 첫 걸음이다. 먼저, 임플란트 환자의 부정적인 입장을 잘 파악하라.

시각적으로 보여주는
옵션 상담법

"아무리 좋은 재료를 쓴다고 설명해드려도 환자가 선뜻 비용 지불을 하지 않네요."

"우리 치과는 고급 재료를 써서 다른 치과보다 수가가 조금 높게 나옵니다. 그런데 환자가 이를 잘 납득하지 못해서 번번이 환자를 놓치는 일이 많습니다."

임플란트 상담을 할 때 생기는 고민이다. 이는 전적으로 환자 탓일까? 아니면 무조건 수가를 낮추는 게 정답일까? 절대 그렇지 않다. 환자가 기본적으로 싼 것을 원하는 것은 당연하다. 이것을 거스르는 건 바보짓이다. 그런데, 고급 재료를 쓰거나 추가 재료가 발생해서 비용이 높은 경우는 어떻게 하면 될까?

이때는 상담자가 환자의 입장에서 충분히 수긍할 수 있도록 상담을 해야한다. 그냥 비싼 걸 쓰기에 비싸다고 말만 해서는 안 된다. 시각 이미지를 제시하고 선택을 유도하는 게 가장 효과적이다. 사람은 오감의 동물로 시각, 청각, 후각, 미각, 촉각을 가지고 있는데 이중에서 큰 영향력을 가지는 것이 시각이기 때문이다. 사람은 시각을 오감 중 가장 신뢰하기 때문에 시각적 요인에 의해 마음이 좌지우지되는 특성을 보인다. 그래서 백 마디보다 단 한 장의 강력한 시각 이미지가 중요하다.

강사들이 강의를 쉽게 하기 위해 사용하는 도구가 있다. 그게 무엇일까? PPT의 이미지다. 말로만 하고 끝내면 수강하는 분들이 잘 와닿지 않는 것을 사진으로 단박에 이해시킬 수 있다. 실제로 잘 만든 이미지 하나가 있으면 굳이 여러 마디의 말을 할 필요가 사라진다.

이처럼 상담자는 시각 이미지를 통해 환자가 가장 신뢰하는 정보를 제공하고 환자가 스스로 선택하도록 해야 한다. 자동차 세일즈를 예로 들어보자. 자동차 세일즈맨이 상위등급의 옵션을 지닌 차를 판매할 때 어떻게 하는가? 세일즈맨은 말로만 하지 않는다. 우선 이미지 한 장을 고객에게 보여준다. 그러곤 열선시트, 자동 사이드 미러, 타이어 궤적 레이저 시스템, 사이드 미러 열선 시트, 에어 백 등의 필요성을 설명한다.

"겨울에 몸이 찬 분에게 열선시트가 필요합니다."

"타이어 공기압이 낮으면 차 컨트롤이 잘 안돼요. 그래서 타이어 궤적 레이저 시스템이 필요한 거예요."

"겨울에 사이드 미러에 서리가 끼는 것 때문에 불편하시죠?"

이런 식으로 사진을 보여주는 것과 함께 "옵션 제품을 넣을까요? 넣지 말까요?"라고 물으면, 고객은 마음이 움직인다. 고객은 "이거 좋아보는데 얼마예요? 이거 넣어주세요"라고 말한다. 특히나 고객은 강요받지 않고, 스스로 결정하고 선택을 한다는 점에서 만족감이 높다.

임플란트 상담은 이처럼 시각적으로 느끼게 하고 선택하게 해야 한다. 일명, 시각적으로 보여주는 옵션 상담법을 해야 한다. 환자가 비용이 비싸다고 나오면, 무턱대고 "안좋은 거 권해드리겠습니까?"라고 말하는 건 금물이다. 이 정도의 이야기를 하려면 상당한 신뢰 관계를 쌓았을 때나 가능한 것이다. 이 대신에 시각 이미지를 보여주면서 환자의 자유 의지에 따라 선택하게 하자.

가끔, 환자가 국산, 외산 임플란트 차이가 뭐예요? 라고 묻는 일이 있다. 일반적으로 치과들은 수입산을 프리미엄 포지션에 배치시키고, 국산제품을 가성비가 좋고 효율적인 제품으로 포지셔닝을 한다. 상담자 입장에서는 어떻게 하면 그 환자로 하여금 비교적 고가인 외산 임플란트를 선택하게 할 수 있을까? 이를 위해서는 상담자가 외산 임플란트의 강점을 시각적으로 잘 보여주면 된다.

사진9
필자는 스위스 프리미엄 임플란트
와 국산 임플란트의 실제 제품을
환자에게 보여준다.

예를 들어 전치부 임플란트의 경우 임플란트 고수 의사도 힘들어
한다. 앞니에 뼈 자체가 없어서 예쁘게 나오기 힘들다. 이때 환자를
위해 외산 임플란트를 권유하는데, 환자가 이를 선택하게 만들기 위
해서는 사진을 보여줘라. 뼈가 얇은 앞니의 사진, 임플란트가 빨리
고정되지 않았을 때 노출되는 뿌리 사진, 왜 기술적으로 우수한지에
대한 히스토리 사진, 예후 사진 등 보여줄 수 있는 게 많다.

그러면 환자는 200만원대의 비싼 외제 임플란트에 대한 가격 저
항감이 낮아진다. 이와 함께 외산 임플란트가 상대적으로 더 저렴하
고, 합리적이라는 자기 정당화 과정을 겪게 된다. 이렇게 되면 상담
이 잘 된 것이다.

사진10
임플란트의 굵기를 통해 뼈이식이
불필요할 경우 환자의 선택지가
넓어진다.

이와 함께 임플란트 상담을 할 때, 빈번하게 환자는 커스텀 어버트먼트와 기성 어버트먼트 사이에서의 갈등을 겪는다. 이때는 커스텀 어버트먼트의 장점 세 가지를 말하는 게 효과적이다.

"첫째는 크라운 깨짐 현상이 완화되고요, 둘째는 잇몸에 잘 맞기에 잇몸 사이 염증이 감소합니다. 셋째는 접착제 제거가 편리합니다. 그래서 이게 비용이 다소 높습니다."

이때 역시 이 이야기에 힘을 실어줄 적당한 이미지가 준비되어 있어야 한다. 왜 깨짐 현상이 완화되는지, 왜 염증이 감소하는지, 커스텀이 왜 더 건강한지에 대해 상담자가 최고의 프레젠테이션을 준비한다고 생각하고 잘 준비해야한다. 이렇게 하면, 스스로 선택을 할 입장이 된 환자는 비용 추가를 감수하더라도 좋은 제품을 선택한다.

전문 기공소에 기공을 의뢰하거나, 고품질 보철 방식을 사용해 비용이 높아질 때도 이와 같은 방식으로 상담을 하면 된다. 일반 기공소가 아닌 전문 기공소에 기공을 맡겨서 가격이 높아진 경우, 마무리가 잘되어 반짝이는 보철물과 조정하느라 버로 갈아내어 표면이 무광이라서 왠지 느낌이 칙칙한 인공 치아 사진 두 개를 보여주거나, 실제 보철물을 건네 보자. 그러면 더 양질의 보철 인공치아를 선택한다.

좋은 것을 좋은 것이라고 알리는 것은 매우 중요하다. 임플란트 보철물들도 요즘은 차별화된 시스템이 많이 등장하고 있다. 예를 들어 HERI 임플란트 시스템의 경우, 치석이 잘 발생하는 하방 금속

부위까지 정밀한 세라믹 처리를 하여 치주염 확률을 줄임으로써 수명을 늘렸다. 이와 함께 접착제 방식이 아닌 스크류 방식을 사용함으로써, 수리와 보수가 간편하다는 장점이 있다. 하지만 치과 입장에서는 만만치 않은 기공료를 부담해야하는 단점 또한 존재한다.

나는 HERI 임플란트 시스템을 환자에게 권할 때, 고가에 대한 확실한 근거를 갖고 임한다. 이때, 사진을 보여드리면서 장점을 충분히 안내하고 고퀄리티의 차별화된 임플란트라는 점을 환자에게 잘 납득시킨다. 이로써 환자로부터 높은 만족도와 신뢰를 얻고 있다. 하지만 몇몇 치과는 HERI라는 차별화된 시스템을 도입하면서도, 이에 대한 특별한 언급과 시각자료 제시가 없기 때문에 환자로부터 그냥 비싼 치과라고 눈총을 받기도 한다.

아무리 환자에게 좋은 것을 제공하더라도, 환자가 좋은 것을 느끼지 못한다면 어떤 일이 생길까? 그저 환자는 이 치과가 비싸다는 생각을 할 뿐이다. 앞서 말했지만, 인간은 자유의지의 동물이며 스스로 선택을 해야 한다. 특히 사람은 선택 판단 기준으로 시각적인 것을 가장 신뢰한다. 시각적으로 보여주고, 환자에게 선택하게끔 하는 것이 좋은 상담자가 되는 첩경이다.

원 페이지 테이블 상담법이
답이다

"임플란트 가격이 왜 이렇게 비싸죠?"

"임플란트 종류가 너무 많아서 어느 게 좋은지 모르겠어요. 다 비싼 것 같은데 어떤 걸 하면 좋을까요?"

임플란트 환자가 상담실에서 자주 묻는 질문이다. 늘상 있어왔지만, 아무리 가격이 떨어져도 환자들은 임플란트를 비싸다고 할 수밖에 없다. 왜냐하면 간절히 원하는 것이 아니라, 치아가 망가져서 어쩔 수 없이 끌려와 돈을 써야하기 때문이다.

임플란트 가격과 종류는 상담자 입장에서는 너무나 잘 알고 있는 것이지만 환자 입장에서는 그렇지 않다. 막상 비싼 가격의 임플란트를 하게 되면 바가지를 쓴 건 아닌지 의심을 하게 된다. 그러면 합리적 가격대의 다른 임플란트를 하고 싶어 한다. 그런데 환자는 뭐가 뭔지 몰라서 답답하다.

이때 상담자가 입으로만 줄줄 왜 임플란트 가격이 비싸고, 또 어떤 종류가 있다고 말한다면 어떻게 될까? 환자가 제대로 이해할 수 있을까? 환자의 머릿속이 혼란스러워질 뿐이다. 그래서 일부 성실한 상담자는 환자를 배려해, 여러 장의 소책자를 만들어둔 후 보여드린다. 그러곤 이건 이래서 저건 저래서 비싸다고 말하고 나서, 또 다른 페이지를 넘기면서 임플란트들을 하나하나 설명해준다. 그 정성만큼은 인정해주고 싶다.

한데 이것도 환자에게 별 효과가 없다. 잘 정리가 되지 않는다. 당연히 환자의 이해도가 낮다. 그래서 기업에서 자주 쓰는 제안서 기법을 소개할까 한다. 다케시마 신이치로의 『1페이지 기획서』의 내용과 상통한다. 한 장에 간결하게 모든 것이 들어갈 수 있어야 한다. 환자가 궁금해 하는 것은 더 자세히 이야기를 해주고, 불필요한 것은 과감히 넘긴다.

Fixture 뿌리	정밀진단 X-ray	가공소	지대주 형태	보철물 종류	회복지원인자	무상보증 치근 (뿌리)	무상보증 보철	금액
외산- 스위스 최고급형 **straumann** Roxolid	CT & 유전자 검사포함	임플란트 전문가공소	정밀 맞춤형 상부기둥	**지르코니아** 이쁘고 단단하고 잇몸 건강에 좋음 (지르코니아 보철사용)	PRF	10년	10년	250만원
외산- 스위스 고급형 **straumann** SlActive	CT & 유전자 검사포함	임플란트 전문가공소	정밀 맞춤형 상부기둥	**지르코니아** 이쁘고 단단하고 잇몸 건강에 좋음 (+25만원)	PRF (+10만원)	10년	10년	230만원
국산- 고급형 + 옵션 SLA OSSTEM	CT & 유전자 검사포함 (10만원)	임플란트 전문가공소 (+5만원)	정밀 맞춤형 상부기둥 (+10만원)	지르코니아 이쁘고 단단하고 튼튼 건강에 좋음 (국산 지르도닉스) (+15만원)	없음	5년	5년	150만원
국산- 고급형 SLA OSSTEM	파노라마	일반가공소	기성기둥	PRM (금속+도재)	없음	3년	3년	130만원
국산- HA코팅계열 보급형 OSSTEM	파노라마	일반가공소	기성기둥	PRM (금속+도재)	없음	3년	1년	100만원

품질 및 실력과 노하우에 대한 자신감 그리고 책임감이 있기에 철저한 진료 품질보증 및 관리가 가능합니다(임플란트 시술 후 확실한 진료보증 약속으로 보증서를 발급해 드립니다).

사진11 원페이지 상담용 테이블

나는 이것을 책받침처럼 만들었다. 한눈에 정리가 되어있고, 환자가 궁금해 하는 부분을 쉽게 스스로 알 수 있게 하는 것이다.

표로 된 임플란트 설명서를 자세히 알아보자. 제일 먼저 알록달록한 색상이 눈에 들어올 것이다. 상당히 촌스럽기까지 한데, 이것은 쓸 데 없이 한 게 아니다. 다 이유가 있다. 아예 흑백으로 한 것보다 더 눈에 띄어서 집중력을 높여주는 효과가 있다. 그 다음의 이유는 색으로 고급 옵션과 일반 옵션의 차이를 주기 위해서다.

한눈에 봐도 상단의 진한 원색이 눈에 잘 들어온다. 그래서 비싼 가격대 제품에 이 색상을 칠했다. 하단의 연한 색상은 묻혀버리기 쉽고, 눈에 잘 들어오지 않는다. 그래서 낮은 가격대 제품에 이 색상을 칠했다. 실제로 환자의 눈은 저절로 원색이 칠해진 고급 제품으로 쏠리게 된다. 그러면 환자는 두 그룹 중 상단그룹 안에서 고민을 하게 된다. 환자의 입에서 이런 말이 나온다.

"여기 빨간색 제품이 좋은 건가요? 기왕이면 좋은 걸로 하고 싶네요."

그 다음 주목해야 할 것은 맨 우측의 금액이 적힌 줄이다. 줄의 중간에 빨간색으로 동그라미 안에 사선이 그려진 표시다. 어떤가? 비용 부분에서 이게 확 눈에 들어오지 않는가? 이는 170만원에서 할인해 150만원으로 해드린다는 말이다. 그냥 150만원이라고 적으면 환자는 혜택이 크다는 점을 잘 모른다. 이렇게 해야 환자는 상대적으로 양질에 저렴한 가격임을 깨닫는다. 마트에서 상품 가격을 표시할 때 정가와 할인가를 함께 쓰는 것과 같은 맥락이다.

상담자는 환자와 상담을 할 때, 할인 가격인 150만원을 가리키면서 이렇게 말하자.

"보세요. 이 비용에 전문 기공소와 지르코니아, 커스텀 어버트먼트까지 고급형을 해드릴 수 있습니다."

그러면 보편적 양심이 있는 환자라면 더 깎으려고 하지 않는다. 그래도 환자가 낮은 가격을 원할 경우에는 바로 밑에 있는 130만원의 시스템을 권하면 된다.

하지만 환자가 20만원의 비용을 아끼는 것이 결코 장기적 관점에서 유리한 것이 아니라는 깨달음을 느끼게 해주는 것이 임플란트 상담의 핵심인 것이다.

참고로, 이 임플란트 설명서가 주력으로 미는 건 150만원의 제품이다. 사실, 치과마다 주력 제품이 다를 텐데 치과에 맞게 주력 제품으로 한 장의 설명서에 세팅하면 된다. 그리고 가격에 맞게 세팅을 하자. 실제로 어느 치과에서는 외산의 경우 옵션이 붙어서 280만원으로 세팅하기도 한다. 만약 저가형 임플란트 환자가 많은 경우, 80~100만원의 제품을 세팅해두자.

상담자는 기본적으로 환자에게 임플란트 제품에 대한 고지 의무가 있다. 제품의 특성이 무엇이며, 왜 이 가격이 되었는지, 어떤 재료를 썼는지를 알려줘야 한다. 그래야 나중에 임플란트 치료가 끝난 후 컴플레인이 생기지 않는다. 간혹, 싼 가격의 임플란트를 원해서 그것으로 수술을 했더니, 왜 PFM으로 기성어버트먼트를 했느냐, 왜 안 좋은 것을 했느냐고 항변하는 분들이 있다. 바쁘다는 핑계로 상담을 게을리 하면 낭패를 당하기 쉽다. 더 많은 시간을 쏟는 우를 범하지 말자.

이에 비해 딱 한 장으로 임플란트 설명을 집약시켜놓으면 환자가 임플란트에 대해 잘 숙지할 수 있다. 그리고 높은 가격의 임플란트에 대해서 그만큼 비용 지불할 가치가 있음을 잘 납득한다. 이렇듯 원페이지 테이블(1 page Table) 상담법은 설득력과 활용도가 매우 높다. 초보 상담자들이 상급 상담자로 쉽게 올라갈 수 있는 방법이니 꼭 숙지하도록 하자.

임플란트 상담하기가 어렵다면 다음 방법을 이용해 보라. 아래 질문지에서 우리 치과는 과연 몇 가지가 해당되는지 체크하라. 이와 함께 좋은 임플란트를 환자에게 제공할 수 있도록 최선을 다하자. 아래 질문에 모두 오케이라고 응답할 수 있을 때, 성공적인 임플란트 상담을 보장할 수 있다.

1. 병원의 책임자인 대표 원장이 시술하는가?

2. 다수 식립 및 다양한 케이스에 대한 경험이 풍부한가?

3. 가능하다면 치주, 보철, 외과 방면의 전문의인가?

4. CT 및 첨단 진단 장비를 보유한 곳인가?

5. 멸균 및 소독 개념이 확립된 치과인가?

6. 뼈이식을 통해 잇몸 뼈를 예쁘게 재생하는 능력이 있는가?

7. 검증 받은 회사의 임플란트를 식립하는가?

8. 완전가공 형태, 도킹 커스텀 형태의 어버트먼트를 사용하는가?

9. 지르코니아는 신뢰할 만한 블록 & 밀링머신인가?

10. 정기 리콜 및 A/S 보증 제도를 운영하는가?

왜, 외산 임플란트가 명품인가?
- 상담을 위한 잡학 ①

최근 한 치과 상담실장으로부터 톡 하나를 받았다. 그분은 상담자로서 높은 실적을 거뒀기에 기쁨에 겨운 나머지 내게 그 사실을 알려줬다. 그 분은 한 개 하기도 힘든 스위스 스트라우만 임플란트를 무려 다섯 개나 상담에 성공했다는 것이다.

만약 상담자가 예외적으로 경제적 여유가 있는 환자를 만났다면 상담이 쉽게 진행되었을 것이다. 하지만 보통의 경우 그런 환자를 만나기 쉽지 않다. 따라서 상담자의 상담 능력이 중요해진다.

사실, 가방과 자동차에 명품이 있듯이 임플란트에도 명품이 있다. 일반인은 아무리 명품 가방, 명품 자동차가 비싸도 그만한 가치를 알기에 아깝지 않게 돈을 지불한다. 그런데 명품 임플란트는 어떨까?

충분히 비싼 비용을 지불한 만한 가치가 있음에도 현실적으로 환자들이 잘 하지 않는다. 적어도 치과에서만큼은 명품에 대한 열광이 해당되지 않는 듯하다.

그 이유가 뭘까? 환자들이 명품의 가치를 제대로 알지 못하거나 존재 자체를 모르기 때문이라고 본다. 명품이 가진 우수한 성능을 하나하나 알게 된다면, 쉽사리 놓치기 쉽지 않을 것이다. 따라서 상담자는 마냥 외산 임플란트 환자가 없다며 푸념만 할 게 아니라, 환자에게 외산 임플란트 정보를 잘 설명해줄 수 있어야한다. 그러기 위해선 우선 상담자 자신이 외산 임플란트에 대해 정통해야한다.

철저히 개인 취향이긴 한데, 나는 스위스의 스트라우만을 선호하고 있다. 이 제품이 명품이라고 말하는데 주저하지 않는다. 무엇보다 강조할 것은 스트라우만이 60년이 넘는 다양한 임상 데이터를 보유하고 있다는 점이다. 이는 후발주자들이 노력을 한다고 해서 쉽게 따라잡을 수 있는 게 아니다. 이것만이 아니다. 스트라우만은 방대한 데이터를 토대로 만들어진 안정성을 자랑하고 있으며, 그리고 끊임없는 연구 개발을 하고 있다. 때문에 역사가 짧은 후발 주자들은 검증된 제품을 카피한 제품을 내놓는데 예후가 확실히 다르다.

따라서 고가의 명품 임플란트를 상담하기 전에 그 제품에 대해 공부를 해야 한다. 그렇다고 많은 시간이 소요되는 것이 아니다. 충분한 준비를 하고 상담에 임하는 상담자에게는 자신감이 넘치기 때문에 환자에게 확신을 줄 수 있다. 참고로 지명도가 있는 수입 임플란트 세 개를 소개할까 한다. 상담할 때 환자 눈높이에 맞춰서 말하기 좋은 수준으로 요약 설명한다. 관심이 생긴다면 카탈로그와 논문 등 더 상세히 관련 자료를 찾아보기를 권한다.

- **노벨바이오케어 브레네막(스웨덴산)**
- **덴츠플라이 아스트라(스웨덴산)**
- **ITI로 알려졌던 스트라우만(스위스산)**

통상, 세계 3대 명품 임플란트 하면 이것을 말한다. 노벨바이오케어(스웨덴)나 덴츠플라이(미국)는 해당 임플란트 회사를 인수했다. 따라서 3대 명품의 국적에 대한 논란이 있기는 하지만 원조로 따진다면 스웨덴, 스위스 제품이라고 알면 된다. 이에 대해 하나씩 자세히 알아보자.

노벨바이오케어의 브레네막(Brenemark, 스웨덴산)

전통과 긴 임상 데이터로 본다면, 브레네막 임플란트는 임플란트의 원조라고 할 수 있다. 1965년 정형외과 의사 브레네막 교수가 토끼 뒷다리에 이식한 티타튬 고정체가 최초의 임플란트다. 임플란트 이름은 그의 이름을 따왔다. 현재 55년이 넘은 역사를 자랑한다. 익스터널 방식을 베이스로 하고, 골내에 삽입되는 픽스쳐(Fixture)의 강도가 높은 것이 장점이다. 초기 개발 제품은 픽스쳐 플랫폼(Fixture Platform)이 치조골과 같은 높이에 위치해 있고, 지대주와의 간격이 상대적으로 넓은 편이었다. 그래서 세균 서식이 쉬웠고, 저작 활동을 하며 발생하는 펌핑 작용으로 경계부 골 흡수가 발생하는 문제점을 안고 있었다. 현재는 'All on 4'라고 하는 대형 고정체에 오버덴쳐를 올리는 기술에 주력하고 있다.

사진12 스웨덴 브레네막 임플란트

덴츠플라이의 아스트라(Astra, 스웨덴산)

명품 임플란트의 자격을 충분히 갖추고 있다. 하지만 국내에서는 제약 전문 회사인 유한양행에서 유통하느라, 마케팅이나 영업이 상대적으로 약해서 명성에 비해 국내 인지도가 많이 약한 편이다. 아스트라 시스템이 혁신적으로 인정받고 있는데 그만한 이유가 있다. 초기 브레네막 임플란트의 약점이었던 골 소실을 줄이기 위한 획기적 변화를 시도했다. 이를 위해 우선 플랫폼의 위치를 치조골보다 높임으로써, 펌핑에 의해 분출되는 유해성분이 뼈에 직접적으로 닿지 않게 만들었다. 그리고 지대주와의 틈이 작게 설계되는 인터널 방식의 임플란트에 주력했다.

아스트라 임플란트는 구조의 혁신적 변화를 통해 5년 이후에도

골 소실률이 0.3mm이하로 유지된다. 이와 함께, 타사의 임플란트에 비해 치주염에 획기적 강세를 보인다. 구조적으로 아래가 좁아지는 뿌리 형태의 루트폼(Root form)형태를 취하다보니, 발치 즉시 식립에 유리하다. 따라서 내구성보다 심미적 요인이 중요한 앞니 임플란트에 특화되었다. 반면 구치부에 적용할 경우, 인터널 특유의 구조적 문제로 스트레스와 피로가 쌓일 경우 픽스쳐가 찢어지는 단점이 발견되기도 한다.

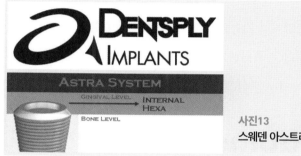

사진13
스웨덴 아스트라 임플란트

스트라우만의 스트라우만(Straumann, 스위스산)

스위스에서 생산되는 외산 임플란트로 ITI 임플란트로 알려져 있다. ITI(International Team for Implantology)는 세계적으로 권위를 인정받는 국제 임플란트 기술에 대한 순수 학문조직이다. 이 ITI에 학술적 목적으로 납품을 하던 임플란트 회사가 스트라우만이었다. 이 회사 마케팅 팀은 이점을 부각시키며 ITI 임플란트로 홍보를 했으나, ITI의 반발로 현재는 스트라우만 임플란트라고 표현하고 있다. 환자분

229

들 중에 ITI 임플란트를 찾으시는 분이 있다면, 스트라우만 임플란트라고 이해하면 된다.

스트라우만의 가장 큰 장점은 독보적이고 압도적인 SLA 표면처리 기술력과 튼튼한 내구성이다. 유튜브에서도 스트라우만의 친수성 곧 물과 잘 어울리는 성질을 볼 수 있는데, 끈끈한 혈액을 끌어당기는 능력이 탁월함을 확인할 수 있다. 임플란트는 혈액을 당기는 성질이 좋아야 골세포와 엉키는 효과가 좋은데, 이는 임플란트의 수명 및 성공률과 직결된다. 또한 스트라우만은 오랜 임상데이터를 보유하고 있고, 강도와 표면처리 기술을 높이기 위해 지르코늄 합금 및 에스엘엑티브(SLActive)라는 차별화된 표면 처리를 하고 있다. 현재도 '표면처리만큼은 스트라우만'이라는 명성을 이어가고 있다.

사진14
스위스 스트라우만 임플란트

명품 상담을 하려면 상담자가 명품에 대한 적극적인 관심을 가져야한다. 해당 명품에 대한 자세한 지식 습득은 물론 효과적인 설명 방법을 찾는 노력이 필요하다. 명품 임플란트 상담은 환자들에게 또 하나의 선택지를 줄 수 있는 상담법이라는 사실을 명심하자.

가성비 최고, 국산 보급형 임플란트
- 상담을 위한 잡학 ②

"임플란트 헥사와 넌헥사 차이가 뭐고, 언제 써야하는지 모르신단 말이죠?"

깜짝 놀란 내가 치과에 새로 근무를 시작한 치과위생사에게 물었다. 그 치과위생사는 경력이 5년이 되어서 치과 치료 업무에 숙련이 되어 있었다. 그런데 임플란트 보철을 올릴 때 언제 헥사를 쓰고, 언제 넌헥사를 사용하는지에 대한 지식이 없었다. 그 치과위생사는 시키는 대로 옮겨 적기만 할 뿐이었다. 이렇게 해서는 좀처럼 성장을 기대하기 힘들다.

예전에 나는 기타를 배운 적이 있다. 그때 후회가 된 것은 화성학에 대한 이해가 없이 그냥 기계적으로 코드를 외우고 기타를 치려고 한 것이다. C코드와 Cm코드의 차이는 모른 채 운지법만 외우고, 코드표를 보고 연주만 해왔다. 이렇게 되자 생소한 코드가 나오면 무엇인지 잘 몰랐고, 또한 알던 코드를 잊었을 때 찾을 길이 없었다. 더 큰 문제는 코드 진행에 따라 곡이 밝아지기도, 어두워지기도 하는데 진행에 대한 이론이 없다보니, 늘 재미없이 정해진 코드만 주구장창 쳐야했던 것이다.

그런데 우연히 화성학을 접하면서, 코드 간의 관계를 알 수 있었으며 더 나아가 모르는 코드도 찾을 수 있었다. 이 원리를 아는데, 20년이나 걸렸다. 만약 노력하지 않았다면 평생 모를 수도 있었을 것이다.

이와 마찬가지로 임플란트의 경우, 시스템의 원리와 히스토리를 알고 다루는 것과 그냥 생각 없이 접근하는 것은 근본적으로 큰 차이가 있다. 임플란트를 잘 다루기 위해서는 시스템의 원리와 히스토리를 잘 아는 게 중요하다. 상담자가 꼭 숙지해야할 국산 임플란트에는 어떤 게 있을까?

국내 임플란트 시장에서 큰 점유율을 자랑하는 회사는 잘 알려진 오스템, 덴티움, 네오바이오텍, 디오, 메가젠, 덴티스이다. 이와 더불어 잘 알려지지 않았지만 특정 유저들에게 사랑받는 임플란트가 있다. 특별한 기술력과 차별성을 내세운 IBS, 포인트, 스누콘, 딥 등이 대표적이다. 이들은 인지도가 낮지만 오히려 유명 브랜드보다 단가가 더 높은 경우도 있다. 때문에 무조건 잘 알려진 임플란트가 환자에게 좋다고 단언할 수 없다.

하지만 유통망이나 A/S, 부품 수급 등의 관점에서보자면 큰 회사의 제품이 유리한 면이 분명히 있다. 기본적으로 대부분의 국산 임플란트는 후발 주자이다 보니, 외산 임플란트의 카피 제품이 많다. 그렇지만 국내 유통망의 활용과 상대적으로 낮은 구입 단가 등에서 유리한 점이 있다. 지금은 기술력이 상당히 좋아진 상황이라, 세계적 기업들과도 당당히 경쟁을 하고 있다.

때문에 나는 임플란트 상담 시에 '효과 vs 효율'의 프레임으로 환자와 상담을 하는 편이다. 효과와 효율의 차이는 과학과 공학의 차이와 유사한데, 전자는 돈을 고려하지 않는 것이고, 후자는 돈을 고려하는 것이다. 외산은 과학을 대표하고, 국산은 공학을 대표한다. 고로, 무조건 외산이 좋다고 할 수 없는 것이다. 그러면 국내 대표적인 네 개 임플란트 오스템, 덴티움, 네오바이오텍, 디오를 상담자 관점에서 간단히 소개한다.

오스템 임플란트

오스템 임플란트는 국내에서 가장 오래된 역사를 가지고 있다. 그리고 마케팅 능력이 뛰어나서, 국내의 넓은 유통망과 인지도를 가지고 있는 것이 강점이다. 특히 치과의사들에게 임플란트 식립 기술을 보급하여, 제품을 판매하겠다는 획기적 방법으로 대한민국 치과계의 발전을 선도한 기업이기도 하다. 반면 환자들에게 TV광고를 통해 자사의 임플란트를 어필하여, 일부 치과의사들의 반발을 사기도 했다. 하지만 2차 소비자를 공략하는 방법을 사용했다는 마케팅 전략적 측면을 보면 높은 점수를 줄 만하다.

이 제품은 국내에서 가장 높은 인지도를 자랑하기에, 환자들의 신뢰를 얻는데 유리하다. 때문에 치과에서 타사의 특정 임플란트를 선호하더라도, 전략적으로 오스템의 기본 패키지를 구비하여 상담을 진행하는 것을 추천한다. 환자들에게 선택지가 없이 치과 병원의 의견을 제시하는 것과, 인지도 있는 브랜드를 보여주면서 치과 병원의 의견을 제시하는 것은 큰 차이를 보이기 때문이다.

마케팅에 강점이 있는 회사답게 보증서나 포장 등이 상당히 고급스럽다. 때문에 환자들에게 신뢰를 얻기에 강점이 많은 회사다.

덴티움 임플란트

덴티움 임플란트는 치과의사들 사이에서는 선호도가 상당히 높다. 가장 큰 특징은 상당히 보수적인 성향을 띤다는 점이다. 높은 시장 점유율에 비해 과거에는 대중적 마케팅에 약간 소홀했으나, 최근에는 공중파 광고를 진행하는 등 브랜드 홍보를 많이 하고 있다. 선호 유저가 많고 또 의료 분야의 경우 보수 성향일수록 신뢰도가 높기 때문에 꾸준한 수요가 있다. 개인적으로 보았을 때, 임플란트 회사들 중 가장 보수적이기에 안전한 성향을 지녔다고 판단한다.

네오바이오텍 임플란트

20년의 역사를 자랑하는 네오바이오텍은 발명가 기질이 다분한 임플란트 1세대 치과의사 출신의 허영구 회장과 전문 경영인 김인호 대표가 공동대표로 시너지를 내는 회사이다. 현장에서 치과의사들의 요구를 듣고, 이를 빠르게 적용하기에 혁신성이 강한 편이다. 술자가 더 편안한 진료를 할 수 있도록 안전하고, 획기적인 키트를 독자적으로 개발하는 등 연구개발에 상당한 투자를 하는 회사다. 학술 행사 또한 다채로운 편이며, 최근에는 디지털 가이드 시스템에 적극적으로 투자하고 있다.

디오 임플란트

디오 임플란트는 최근 UV임플란트를 적극적으로 밀고 있다. UV 임플란트는 실제로 자외선을 픽스처에 조사함으로써 전자 반응을 만들어, 순간적으로 친수성을 극대화시키는 원리를 이용한다. 초등학생 시절 마찰을 준 책받침으로 친구 머리카락을 들어 올리던 장난을 쳤던 적이 있다면 바로 이해가 갈 것이다. 좋은 임플란트의 조건은 앞서 이야기한 친수성, 즉 액체를 끌어당기는 힘이 강력한 것이다. 표면처리 방법 외에 발상의 전환을 통해 식립 직전에 UV조사 방법을 응용하여 친수성에 좋은 효과를 내고 있다.

"치과에서 쓰는 오스템 임플란트가 똑같은데 왜 옆 치과와 비용이 다르죠?"

환자들이 국산 임플란트에 대해 자주 하는 질문은 이것이다. 이에 대해 대부분의 치과에서는 술자의 능력에 따라 차이가 있기 때문에 수가가 다르다는 원론적인 이야기를 한다. 설득력이 있을 수 없다. 수가는 상당히 복합적인 요인에 의해 결정이 된다. 그렇기 때문에 단순히 표시되는 숫자를 한마디로 정의내리는 것은 사실상 불가능하다. 당장 상담자가 소속된 치과의 BEP(Break even point) 곧, 손익분기점도 정확히 모르지 않는가?

실제로 가격 차이에 영향을 주는 것으로 A/S 기간, 어버트먼트, 보철물 등 여러 요인들이 존재한다. 하지만 상담자는 그 모든 것을 구구절절 설명할 시간적 여유가 없으며, 환자 역시 한가하게 듣고 있지를 못한다. 따라서 상담자는 똑같은 임플란트인데 비용이 왜 다르냐고 하면 이렇게 대응하자. 우선 빙긋이 웃으며 서랍에서 뜯지 않은 임플란트들을 꺼내서 늘어놓는다. 그러곤 이렇게 말하자.

사진15
오스템 임플란트 안에서도 형태와 표면처리 방식에 따라 다양한 제품군이 존재한다.

"이게 모두 오스템 임플란트에요. 찰랑찰랑 칼슘 용액에 적셔있는 것이 있고, 다른 재질로 된 것이 있어요. 듣고 오신 오스템 임플란트가 어떤 걸 이야기하시는지 제게 알려주실 수 있을까요? 현대차도 아반떼, 쏘나타, 그랜저 등 종류가 많은데, 현대차 가격이 왜 다르냐고 하면 제가 대답을 해드리기가 어려워요. 심지어 같은 차종이라도 연식과 옵션에 따라 가격 차이가 많이 나잖아요."

객관적인 기준으로
신뢰를 얻어라

"환자에게 맞는 임플란트를 권유해도 잘 납득하지 못하는데 어떻게 하면 좋죠?"

"쉽게 환자가 임플란트 치료에 동의하려면 어떻게 해야 할까요?"

상담 실장들로부터 자주 듣는 질문이다. 당연한 이야기지만 제법 경력이 쌓인 상담실장들도 가격이 높은 임플란트 상담을 어려워한다. 임플란트는 치과의 주력 매출 품목이면서 동시에 치과의 전문성, 포지셔닝에 큰 영향을 주는 치료방법이다. 따라서 상담자가 임플란트 상담을 잘 해내면 치과 내에서 인정을 받지만, 제대로 상담을 못하면 크게 스트레스를 받는다. 하지만 임플란트 상담을 어려워할 이유가 없다. 신규 치과처럼 구환이 쌓이지 않은 곳에서 효과적이며 쉬운 상담 방법이 있다. 이를 잘 숙지해서 따라하면 된다.

상담자가 환자로 하여금 임플란트 치료를 잘 납득시키고 치료에 동의시키기 위해 무엇보다 필요한 일은 객관적인 기준 곧 수치를 제시하는 것이다. 앞서 말했지만, 치과는 수치를 제시하는 내과와 달리 환자에게 객관적인 수치를 보여주지 못한다. 때문에 환자는 저절로 상담자의 말에 대해 합리적 의구심을 가질 수밖에 없다. 이를 방지하기 위해서는 최대한 객관화된 기준이 필요하다.

충치 치료의 예를 들어보자. 신도시에 새로 개원한 치과가 있다. 하루는 이 치과의 원장님이 내게 하소연을 했다.

"너무 억울합니다. 모 환자가 내가 과잉진료를 했다고 지역 인터넷 카페에 글을 올려 놨더라구요. 분명히 내가 진단할 때 충치가 맞는데, 다른 치과에서는 충치가 아니라면서 과잉진료를 했다는 거예요. 참으로 답답해서 미치겠습니다."

그 원장님에게 환자에게 진단 결과를 어떻게 알려줬는지 물어봤다.

"오른쪽 하악부의 어금니가 충치라고 말해줬습니다."

"그냥 말로만 해줬다는 말씀이시죠?"

"네."

문제의 원인이 무엇인지 알 수 있었다. 이런 일은 치과 진료의 주관성 때문에 자주 생긴다. 같은 충치도 치과마다 다르게 진단을 내릴 수 있다. 예방적 차원에 신경을 쓰는 치과에서는 조그만 문제가 있는 치아도 충치로 진단할 가능성이 많지만, 그렇지 않은 치과에서는 웬만한 치아는 그대로 놔둔다. 게다가 같은 의사도 그날의 컨디션에 따라 오차 범위 내에서 조금씩 충치 진단이 다르게 나오기도 한다. 진단이 원장의 주관에 좌지우지되기 때문이다.

그런데 사람은 자신이 듣고 싶은 말만 들으려는 경향이 있다. 특정 병원에서 암 진단을 받은 사람들이 왜 여러 병원을 다니면서 재검진을 받을까? 그들은 암이 아니라는 말, 최선을 다해서 진료를 하면 완치될 수 있다는 말을 듣고 싶은 것이다. 내 입안에 충치가 있고, 치료를 해야 한다는 말을 듣고 싶은 환자는 세상에 한명도 없다. 때문에 치료를 권하면 과잉 치과, 권하지 않으면 양심 치과라고 하는 프레임에 쉽게 빠진다. 사실은 눈썰미가 없는데다가, 장비가 좋지 않아서 충치를 발견 못하는데 아이러니하게도 양심 치과가 되는 일이 생긴다.

어쨌든 치과 입장에서는 치과에 대한 부정적 이미지가 생기는 것을 원천적으로 차단해야한다. 그렇지 않으면 환자의 수가 뚝뚝 떨어질 게 분명하기 때문이다.

임플란트의 경우에는 GBR(guided bone regeneration)에 따라 비용의 변수가 상당히 큰 편이다. 치과 입장에서는 사실 임플란트 식립보다 뼈를 튼튼하고 예쁘게 만드는 게 몇 배 어렵다. 때문에 난이도에 따라 뼈이식 비용이 차등화 되는 것이 합리적이다. 그런데 대부분 치과들은 객관적인 기준이 갖추어져 있지 못한 편이다. 그래서 환자들의 불신이 자주 생긴다. 이를 방지하고 환자에게 신뢰를 주려면 어떻게 해야 할까?

앞에서도 언급했지만 뼈 상황에 따라 객관화된 기준 곧 차등을 정하는 것이 바람직하다. 뼈이식이 필요 없는 경우부터 1면, 2면, 3면, 4면 등에 따라 난이도를 구분하는 것이다. 그리고 그 각각의 비용을 정하는 것이다. 이렇게 해서 비용을 안내해 드리면, 정상적인 환자들이라면 납득을 할 수밖에 없다.

이때 전문적 이미지를 활용하면 더욱 효과적이다. 골질은 물론 골의 폭, 길이, 높이 등을 분류하여, 수가는 물론 추천 임플란트까지 정해놓는 방법이다. 이는 고가의 외산 임플란트를 상담할 때 상당히 유용하다. 환자는 자신의 상황이 난케이스라는 사실을 인지했을 때, 좋은 결과를 위해 비용을 더 쓸 마음이 생기는 법이다.

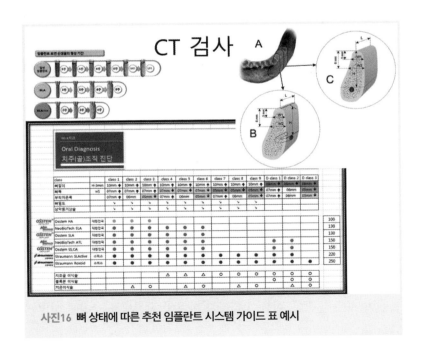

사진16 뼈 상태에 따른 추천 임플란트 시스템 가이드 표 예시

임플란트 상담이 어려운가? 그렇다면 최대한 객관화된 기준의 필드를 만들고, 그 필드에 환자를 끌어들여라. 상담은 환자의 마음속 의구심을 제거하며, 가시적 신뢰를 만들어가는 과정이다. 객관화된 기준이 환자의 의구심을 제거하고 신뢰를 만들어낸다.

임플란트의 적정 할인
기준을 세워라

"택시비가 비쌀까요? 버스비가 비쌀까요?"

출강하는 학교 치위생학과 대학생들에게 질문을 던졌다. 그러자 즉각 답이 튀어 나왔다.

"당연히 택시비가 비싸죠!"

해마다 이 질문을 던지면 모든 학생들이 이구동성으로 이렇게 대답한다. 이에 내가 이렇게 응수한다.

"과연 그럴까요? 상황에 따라 다르지 않을까요? 만약 친구 네 명과 가까운 거리를 간다면 버스가 더 비쌉니다. 택시 기본요금이 3,800원인데 친구 네 명이 그 요금으로 같이 탈수 있습니다. 하지만 버스 요금이 1,500원이지만 네 명이 모두 요금을 내면 총 요금이 6,000원이 나오니까 버스비가 더 비싸지요."

치과의 예를 들어보자. 세 사람에게 싱글 임플란트를 하여 각각 150만원을 받는 것과, 한 사람에게 동일부위인 35, 36, 37을 한 번에 심는데 할인가 375만원(정상가 450만원)을 받는 것이 있다고 하자. 과연, 치과 입장에서는 어느 쪽이 이득일까? 후자가 더 이득이다. 사실, 비용 배려가 없는 상황에서 순순히 환자들이 450만원을 지출하고 해당 치과에서 치료결정을 100% 한다는 보장이 없다는 점도 참작해야 한다. 상담자는 비용 절감으로 인해 숨겨진 이익이 생길 때, 환자에게 적절한 비용 할인을 해드리는 감각을 가져야한다.

비용 흥정이 없는 백화점에서도 VIP 고객에게 할인을 하고 있다. 마감 후 쇼핑이나 특가 명품 상품을 판매하는 게 대표적이다. 백화점에서 VIP 고객에게 할인을 하는 이유가 뭘까? 우선은 실제로 보이지 않는 경비 절감이 상당히 있기 때문이다. 다음은 정서적인 문제 때문이다. 농경문화인 우리나라 사람들은 서구의 합리적인 사고 대신에 정에 의해 베푸는 호의, 즉 '덤' 혹은 '에누리'에 상당히 민감한 반응을 보인다. 이런 점으로 해서 백화점에서 기꺼이 VIP 고객에게 명품 할인을 하고 있는 것이다.

이런 점을 일부 치과 원장은 아쉽게도 이해하지 못한다. 임플란트 여러 개를 해도 단 몇 백원도 깎을 수 없다는 분이 있다. 이렇게 되면, 여러 개 임플란트를 하는 환자는 당연히 비싸다고 느낄 수밖에 없다. 빈정 상하는 건 당연하고 말이다.

150만원의 임플란트를 여러 사람이 하는 것보다 한 사람이 하는 게 치과에서 비용 절감이 된다. 따라서 깍쟁이 같이 150×3= 450이라는 셈법을 하는 대신에 150+ 150+ 75= 375 라는 셈법을 하는 게 좋다. 세 개 중 한 개를 반값으로 하라는 말이다. 그래도 이득이다.

이는 덤핑과 명백히 다르다. 상황에 따른 반값 할인은 결코 덤핑이 아니다. 얻는 만큼 일부 돌려줌으로써 단골 고객을 확보하자는 것이다. 고객을 거래의 승자로 만드는 것은 세일즈의 기본자세다. 아무리 바쁘게, 열심히 일해도 치과 수익률이 낮다면 그 이유는 바로 적정 할인을 하지 않기 때문이다.

치과는 치과의사 중심의 진료 서비스를 환자에게 제공하는 곳이다. 하지만 아무리 실력이 좋은 의사라도 환자들이 체어에 눕지 않으면, 그 좋은 능력을 썩힐 수밖에 없다. 때문에 상담실장의 능력이 중요하다. 실장의 역량에 따라 치과 수익률이 크게 영향을 받을 수밖에 없다. 이때 상담자가 임플란트 수가를 어떻게 책정하느냐가 매우 중요하다. 임플란트 수가는 옆 치과를 따라서 정하는 것이 아니다. 옆 치과의 수가는 참고만 하라.

상담자는 우리 치과가 어떤 포지션을 취함으로써 경쟁력을 갖출 수 있는지 늘 고민해야한다. 이때 매우 중요한 점이 우리 치과만의 임플란트 할인 기준을 세우는 것이다.

PART
06

오너에게 신뢰받는
컴플레인 상담

컴플레인 전문 상담자의
기본자세

알고 지내는 치과 원장님이 많다. 시간이 날 때마다 원장님들과 만나서 격의 없이 대화를 나눈다. 이때, 치과 매출 노하우에서부터 직원 교육, 환자 응대, 치료 술식, 홍보 방안 등 다양한 이야기가 나온다. 그러면서 자연스럽게 나오는 것이 컴플레인 환자 이야기다. 대부분의 원장님들은 치과 운영을 잘 하면서도 컴플레인 환자 때문에 골치 썩이고 있다.

"요 몇주 잠잠하더니 오늘 컴플레인 환자가 와서는 난리법석 피웠는데 장난이 아니었습니다. 징글징글하네요."

"차라리 매출이 좀 떨어지더라도 컴플레인 환자가 없으면 좋겠어요."

컴플레인 환자로 인한 치과 원장님들의 스트레스가 이만저만이 아니다. 그러다보니, 상담 실력자인 나에게 원장님이 은근슬쩍 부탁을 청해온다. 컴플레인 처리 전문 상담자를 소개해달라는 것이다. 치과 원장님들은 실제로 몹시 컴플레인 처리 전문가를 원하고 있다. 그런 전문가만 있다면, 원장님 자신은 마음 편하게 진료에 전념할 수 있기 때문이다.

그래서 기회가 될 때마다 나는 컴플레인 처리 기술을 해당 치과 상담자에게 교육을 해드리고 있다. 시간이 지나서보니, 치과 원장님들은 가장 골치 아픈 컴플레인 환자를 잘 처리하는 전문 상담자를 절대 놓치지 않았다. 컴플레인을 잘 처리는 하는 스텝은 마지막까지 살아남는다.

이렇듯 컴플레인 환자 응대는 치과 원장님뿐만 아니라 직원에게는 초미의 관심사이다. 원장님 입장에서는 그것을 처리 전문가가 대신해주길 바라며, 직원 입장에서는 자신이 직접 효과적으로 잘 하길 바란다. 그래서인지 내가 치과 컴플레인 환자 상담법 세미나를 할 때면 열기가 매우 뜨겁다. 전국에서 수백여 명이 몰려들고, 그 어느 때보다 내 강의에 집중을 한다.

수강생들에게 '왜 컴플레인 환자 상담법 세미나를 들으세요'라고 설문조사를 해보았다. 수백여 명의 치과 직원들은 이렇게 답했다.

• 요즘 이상한 사람들이 병원에 많이 와서 골치가 아파서요.

- 요즘 컴플레인이 늘고 있어서 그에 맞는 응대를 배우고 싶어요.
- 컴플레인이 무서워요.
- 컴플레인이 너무 두렵고 힘들어요. 예방이 최우선이겠지만 정말 예측 불가능한 상황이 너무 많아요. 당황하지 않고 의연하게 대처하고 싶어요.
- 좀 더 디테일하게 배우고 싶고 차후 총괄실장답게 능력을 키우고 싶어요.
- 컴플레인 대응법을 전문적으로 배우고 싶어요.

이렇듯 상담자를 포함한 모든 직원들에게 가장 큰 고민이자 관심사가 바로 컴플레인 응대 노하우다. 그래서 그들은 전문적인 노하우를 배우고자 내 세미나에 참석한다. 나는 체계적인 프로그램에 따라 하나하나 그 노하우를 전수해드린다. 이때, 내가 가르치는 기본 중의 기본이 있다. 컴플레인 환자를 대하는 상담자의 기본자세다.

현장의 직원들은 기본자세가 잘못되어 있는 경우가 많다. 첫 단추부터 잘못 꿰었기에 제대로 컴플레인 환자를 응대할 수 없다. 대부분의 직원들은 불만 환자가 오기로 하면 이런 반응을 보인다.

- 표정이 굳어지고 가슴이 답답하다.
- 나만 상담실에 안 들어가고 싶다.
- 치과에 불평을 한다.

- 나도 모르게 한숨이 나온다.
- 목소리가 커진다.

이는 막연히 공포감을 갖기 때문에 생긴 결과다. 이는 심리학적으로 보면, '방어기제(defense mechanism)'의 표출이다. 참고로 이 뜻은 '자아가 위협받는 상황에서 무의식적으로 자신을 속이거나 상황을 다르게 해석하여, 감정적 상처로부터 자신을 보호하려는 심리 의식'이다. 방어기제는 외부에 부정적인 상황이 닥쳐올 때 즉각적으로 작동한다. 사람은 이를 통해 충격을 완화시킨다. 이러한 방어기제는 본능적으로 나온다. 누군가가 자신에게 주먹을 쥐고 때리는 시늉을 할 때, 사람들은 눈을 크게 뜨고 저절로 몸을 움츠린다. 그러면서 심장을 벌렁거린다. 이게 바로 방어기제가 표출된 반응이다.

이처럼 치과 직원들은 컴플레인 환자에게서 오는 충격으로부터 자신을 보호하는 차원에서 방어기제를 사용한다. 이때, 위에서 언급한 부정적인 반응이 저절로 나온다. 표정이 굳어지고 가슴이 답답한 것에서부터 목소리가 커지는 것까지 말이다. 문제가 바로 이것이다.

치과 직원들의 방어기제가 미성숙한 형태로만 나타나고 있다. 이런 상태에서는 제대로 컴플레인 환자를 처리하는 게 어렵다. 효과적으로 컴플레인 환자를 응대하기 위해서는 치과 직원에게 '성숙한 방어기제'가 요구된다. 이 방어기제를 잘 표출하는 게 바로 컴플레인 환자를 올바로 응대하는 첫 단추이다. 다음 세 가지를 기억해두고 습관화해야한다.

인내(Patience)

불쾌한 상황에서 바로 반응하지 않고 시간을 가져 보는 것이다. 컴플레인 환자가 생길 때 즉각적으로 감정을 표출하지 말고, 시간을 둬보자. 서서히 불편한 감정이 가라앉는다.

예측(Anticipation)

미래에 있을 불편함이나 갈등을 미리 내다 보고 현실적으로 준비하는 것이다. 컴플레인에 잘 대응하려면 무엇보다 미리 확실한 해법을 준비해둬야 한다. 현실적인 해결법만이 환자의 불만을 해소시킨다.

유머(Humor)

불쾌하거나 기분 나쁜, 공격적인 충동이 생겨도 여유 있는 말로 해소하는 것이다. 내 경우 아무리 인격적으로 모욕을 하는 컴플레인 환자가 나타나도 절대 미소를 잃지 않는다. 미소를 지으면서 유머러스하게 첫 한마디를 한다. "많이 화나셨군요.", "화날 법도 하십니다.", "크게 화나셨다고 해서 내가 왔습니다." 이런 식으로 대화를 하다보면, 내 속의 불편한 감정이 사라진다. 그에 따라 침착하게 컴플레인을 차근차근 잘 대응해낼 수 있다.

비온 뒤에 땅이 굳는다는 말이 있다. 내 단골 환자 중에 과거에 컴

251

플레인 환자인 분이 꽤 된다. 이런 환자일수록 나와 관계가 매우 가깝다. 그래서 치과에 올 때 간식을 사들고 오기도 한다. 컴플레인을 잘 처리했기 때문이다. 컴플레인 환자를 잘 처리하는 기본 중의 기본은 성숙한 방어기제를 드러내는 것이다.

컴플레인은
긍정적으로 받아들여라

"실장님, 그 환자가 왔어요. 대단히 화가 났는데 걱정입니다."

한 여직원이 긴장한 얼굴로 말했다. 알고 보니, 치과 진료에 불만을 품은 50대 여성 환자 때문이었다. 그 환자는 금이 간 치아의 신경 치료가 만족스럽게 되지 않았다며 자꾸 전화하면서 화를 냈다고 한다. 모든 여직원들이 하나같이 잔뜩 불안해하고 있었다.

이대로 방치하면 더 일이 커질 것 같았다. 그래서 내가 나서기로 했다. 예약된 일을 잠깐 뒤로 미루고 그 환자가 있는 예진실로 찾아갔다. 그 환자가 나를 알아보고는 대뜸 이렇게 말했다.

"나 아주 화났습니다. 화났다구요."

나는 웃으면서 대꾸해주었다.

"네, 정말 화나신 것 같습니다. 그래서 제가 오지 않았습니까? 여기서 이럴 게 아니라 상담실에서 차 한 잔 하시면서 대화를 나누시죠?"

직원들에게 컴플레인 응대 교육을 할 때 자주 언급하는 내 이야기다. 이렇듯 세일즈 상담과 마찬가지로 컴플레인 상담에서는 긍정적인 마음가짐을 가져야한다. 그래야 컴플레인 고객의 마음을 풀어 그를 충성고객으로 만들 수 있다. 긍정적으로 컴플레인 환자를 잘 대하기만 하면 컴플레인 환자가 단골 고객으로 바뀌는 건 시간문제다.

참고로, 컴플레인을 건 사람의 제품 재구입률을 보자.

<1위> 불만을 제기하여 신속히 해결된 고객(95%)

<2위> 불만을 제기하여 해결된 고객(70%)

<3위> 불만을 제기했으나 해결되지 않은 고객(46%)

<4위> 불만을 제기하지 않은 고객(37%)

1위와 2위를 보면 알 수 있듯이, 불만이 해결되면 재구입률이 높다. 그 다음이 예상 밖이다. 3위의 불만을 제기했지만 해결되지 않는 고객이 4위의 전혀 불만을 제기하지 않는 고객보다 더 재구입률이 높다. 치과 입장에서는 한번이라도 지랄을 한 환자가 치료받을 가능성이 더 높다는 말이다. 불만을 전혀 이야기하지 않는 환자는 그보다 치료 받을 가능성이 낮다.

고로, 상담자는 불만을 표출하는 환자 모두를 치과의 잠재적인 단골 고객이라 봐야한다. 불만을 토로하는 환자가 있다면 속으로 쾌재를 불러야 마땅하다. 이에 비해 불만이 있는지 없는지 알 수 없는 환자, 무관심한 환자야말로 단골이 될 가망성이 거의 없는 환자로 봐야한다. 이때까지 별 소리 한마디 하지 않고 치과를 오고 갔던 수많은 환자들은 언제든지 치과를 떠나버릴 수 있다.

그렇다면 왜 고객이 불만을 가질까 생각해보자. 고객이 불만을 갖는 이유는 서비스에 대한 기대치와 실제와의 차이 때문이다. 처음부터 기대치가 낮으면 불만이 생기지 않는다. 그 기대치를 채워주지 못하면, 고객은 불만을 갖는다. 일단, 고객이 불만을 가지면 자기만으로 끝나지 않는다. 고객은 자신의 불만을 혼자서 삭힐 줄 모른다. 불만 고객은 최소 9명에게 불만에 대한 이야기를 한다. 이렇게 해서 문제가 더 커지고 만다.

사실, 치과에서는 불만을 표출하는 고객이 그렇게 많이 생기지 않는다. 불만이 생긴 환자의 56%는 그냥 치과를 바꿔 버린다. 그리고 치과를 바꾸지 않은 불만 환자의 40%는 그냥 참는다. 이렇게 해서 불만 환자의 4%만 불만을 적극적으로 표출한다. 이처럼 불만을 표출하는 환자는 대하기 나름이다. 친절하게 잘 응대하기만 한다면 두 가지 면에서 치과 경영에 도움이 된다.

먼저, 눈치 채지 못한 치과 운영의 문제점을 발견할 수 있다. 원장을 비롯해 직원들이 미처 깨닫지 못한 치과의 운영의 문제점을 제삼

자인 환자가 겪고 나서 이를 알려주기 때문이다. 따라서 불편 사항을 잘 접수해놓으면 여러모로 치과 경영에 좋은 자료가 된다.

다음, 고객 확보 비용이 절감된다. 신규고객 확보는 기존 고객 유지 서비스 비용의 5배가 든다. 이에 비해 기존 환자의 불만을 잘 해결해 준다면, 그 환자는 저렴한 비용으로 단골 고객이 된다. 쓸데없이 많은 돈을 투자해 새 환자를 모을 필요가 없다. 불만이 해소된 고객의 만족도가 다른 고객에 비해 훨씬 높기에 치과를 자주 찾는다.

컴플레인, 그 자체를 결코 나쁘게 볼 이유가 없다. 상담자 입장에서는 컴플레인을 표출하는 환자를 쌍수 들어 환영해야한다. 그 환자를 웃는 얼굴로 친절하게 잘 응대해주기만 하면, 치과의 충성 고객이 될 가능성이 매우 높다. 요즘처럼 신규 환자 확보가 힘들 때일수록 더더욱 컴플레인 환자를 긍정적으로 바라봐야한다.

우선 상담자는
자존감을 가져라

"컴플레인 환자를 잘 응대하려고 하는데 마음대로 되지 않아요."

"교육받은 대로 컴플레인 환자를 응대하려고 하지만 매번 실패해요."

치과 직원들의 고민이다. 상담자도 예외가 되지 않는다. 이들은 컴플레인 환자 응대법 교육을 받았다. 어떻게 컴플레인 환자을 응대하는 게 효과적인지에 대한 노하우를 알고 있다. 한데, 그것을 잘 숙지하고 있어도 현장에서 제대로 실천하지 못하고 있다. 그래서 번번이 좋지 않은 결과가 나온다.

대체, 배운 대로 현장에서 척척 실천하지 못하는 이유가 뭘까? 그 이유가 무엇인고 하니, 바로 직원의 마음가짐 때문이다. 생각해보라.

똑같은 불만 환자라고 해도 어떤 직원은 충격을 전혀 받지 않고 응대하는 반면, 어떤 직원은 대번에 충격을 먹고 심장이 벌렁거리지 않는가? 직원들의 마음가짐이 다르기 때문이다. 그래서 어떤 직원은 아무리 환자가 버럭버럭 소리를 질러대도 크게 요동을 하지 않는 반면, 어떤 직원은 환자가 인상만 써도 심장이 오그라든다.

따라서 상담자가 교육받은 대로 척척 컴플레인 대응법을 실천하기 위해서는 우선 단단한 마음가짐, 곧 자존감이 있어야한다. 컴플레인 환자를 잘 응대하기 위해서는 무엇보다 상담자의 자존감이 중요하다. 자존감을 갖고 환자의 불편 불만을 대할 때 효과적으로 응대할 수 있다.

나는 컴플레인 환자를 능숙하게 응대하고 있다. 그래서 원장님을 비롯해 직원들이 어떻게 해서 컴플레인 환자를 잘 응대하느냐고 물어오곤 한다. 이때, 내가 대답하는 건 딱 하나다.

"내가 원래 낙천적이라서 자존감이 매우 높습니다. 아무리 환자가 화를 내도 나에게 데미지가 잘 안생겨요. 그래서 나는 전혀 흥분하지 않는 채로 환자를 잘 응대할 수 있지요. 화가 머리끝까지 난 환자를 순한 양으로 만들 때 카타르시스를 느껴요."

하지만 현역의 다수 상담자 중에 쉽게 흔들리는 마음가짐을 가진 분들이 상당히 많다. 상담자들에게 필요한 단단한 마음가짐은 자존심이 아닌 자존감이다. 자존심과 자존감의 의미를 살펴보자.

• **자존심**

타인에게 존중받고 싶은 마음. 타인에게 굽히지 않고 나를 지키려는 마음

• **자존감**

자신이 가진 약점과 위치를 인정하고, 자신을 존중하는 마음

이렇듯 비슷한 듯 보이는 두 단어의 차이가 극명하다. 자존심을 갖고 있는 상담자는 싫은 소리를 듣는 걸 극도로 싫어하기에 불평, 불만을 접할 때마다 매번 충격을 먹는다. 그래서 허둥지둥대고 격앙된 목소리를 냄으로써 일을 걷잡을 수 없게 크게 만들어버린다.

이에 반해 자존감을 가진 상담자는 환자의 불평, 불만을 잘 응대한다. 자신을 객관적으로 바라보고 잘못된 점을 인정하는 것과 함께 자신에 대한 존중감을 가지고 있다. 이런 사람은 쉽게 흥분하지 않는다. 흥분을 할 상황이 생겨도 화를 낼 필요성을 느끼지 않는다. 이처럼 치과에서 컴플레인 환자를 응대할 때 상담자에게 무엇보다 필요한 것이 자존감이다.

애석하게도 상담자 대부분의 경우 자존심은 강하지만 자존감이 약한 편이다. 다들 남부러운 안정적인 직장에 근무하고 있지만 마음속에는 열등감이 도사리고 있는 게 아닌지 모르겠다. 여러 가지 이유로 인해 자격지심을 갖고 있기에 자신에 대한 존중감이 싹틀 여지가 없다. 당사자 입장에서는 그 문제가 매우 심각하기에 그 문제에만 매

몰되는데 그러면 그럴수록 자존감이 떨어지고, 그 자리에 자존심이 들어선다.

사실, 자존심 센 상담자는 자기 처신도 제대로 못한다. 동료 사이에서도 크고 작은 갈등을 일으킬 뿐만 아니라 원장 및 실장과의 관계도 삐걱거리기 일쑤다. 이런 상담자가 어떻게 효율적으로 컴플레인 환자를 맞이할 수 있단 말인가?

나는 기회가 있을 때마다 유독 자존심이 센 상담자들을 따로 불러내 조언을 해준다.

"대부분의 사람들은 당신의 학벌, 연봉에 대해서 관심이 없어요."

고객이 거래를 중지하는 이유는 5가지이다. 불친절한 서비스, 제품 불만, 경쟁사 등장, 대체품 교체, 이사와 사망의 불가항력적인 상황. 이 가운데에서 세 명 중 두 명이 불친절한 서비스 때문에 거래를 중지한다. 이는 치과에 그대로 통한다.

따라서 치과에서는 불친절한 서비스로 인해 컴플레인을 거는 환자를 더욱 잘 응대하는 게 중요하다. 단골로 계속 유지시키기 위해서 말이다. 이렇게 하려면 무엇보다 필요한 건 상담자의 흔들리지 않는 단단한 마음가짐, 곧 자존감이다. 자존감을 잘 기르기만 하면 어떤 컴플레인 환자를 만나도, 동요되지 않고 능숙하게 응대할 수 있다.

자존감으로 무장하여 불만을 토로하는 환자 앞에 가라. 그러면 전혀 동요가 되지 않는다. 이 상태에서 배운 대로 하나하나 실천해보

자. 그러면 실타래처럼 뒤엉킨 컴플레인 문제를 술술 풀 수 있다. 컴플레인 환자를 잘 응대하려거든 우선 자존감을 가져라.

컴플레인 환자와 시비를
가리지 말라

컴플레인 환자라고 하면 다 똑같은 줄 아는데 그렇지 않다. 크게 두 부류의 컴플레인 환자가 있다. 먼저, 평범한 사람인데 자신의 잘못이나 치과의 실수로 불만을 토로하는 환자가 있다. 다음, 원래 비정상인 사람이라서 이유 없이 불만을 터뜨리는 환자가 있다. 후자의 환자를 '기질적 불만 환자'라고 한다. 상담자는 이를 잘 구별할 줄 알아야한다.

하지만 현실은 녹록하지 않다. 적지 않은 수의 상담자는 불만과 불평을 토로하는 환자가 나타나는 순간, "저 사람은 비정상이야"라고 단정 짓는 우를 범하고 있다. 알고 보면, 환자는 정상적인데 상담자는 자기 편한 데로 해석하고 만다. 이렇게 되면, 불만 환자 응대가 제대로 될 리 없다. 불만 환자와 상담자는 끝없는 평행선을 달리게 된다. 그 결과 환자는 환자대로 불만이 해소되지 못하고, 상담자는 상담자대로 전신에 힘이 빠지고 만다.

상담자가 컴플레인 상담을 잘 하기 위해서는 불만 환자가 어떤 부류인지를 잘 파악해야한다. 컴플레인 환자를 접하는 순간 그가 처음부터 시비를 거는 기질적 불만 고객인지, 그 자신의 잘못이나 치과 실수로 화내는 이유를 갖고 있는 평범한 고객인지 잘 가려내야한다. 만약 불만환자가 기질적 불만고객이라면, 지혜롭게 회피를 하는 것이 최선책이다. 그렇지만 우리는 섣부르게 정상적 불만고객을 기질적 불만고객으로 판단하는 일이 생기지 않도록 주의해야한다.

불만환자가 평범한 환자라면 잘 응대해야한다. 이때 치과에서 잘못해서 불만을 야기하는 경우가 있지만 환자의 잘못으로 불만이 생기는 경우도 많다. 상담자는 설령 환자가 자신의 잘못으로 인해 컴플레인을 가졌다고 해도 이를 간과하지 말아야한다. 이 역시 치과에서 해결해야하는 컴플레인으로 감싸 안아야한다. 환자 잘못으로 인해 생기는 컴플레인은 크게 네 가지 이유로 자주 발생한다. 아래를 참고하자.

첫째, 제품과 브랜드, 병원에 대한 고객의 잘못된 인식

상담자가 친절하게 제품과 그 브랜드 그리고 치과에 대해 설명해드린다. 하지만 의학 전문 분야이기 때문에 환자가 정확히 이해하지 못하는 경우가 있다.

둘째, 환자의 기억 착오

치료와 진료 날짜를 착각하여 하루 전에 와서 우기는 경우가 있다. 이는 거짓말 테스트를 해도 밝혀지지 않는다. 자기가 기억착오를 했다는 걸 인지 못한다.

셋째, 환자의 고압적인 태도와 감정적 반발

감정적으로 무시당했다거나, 대우받지 못했다는 경우가 있다. 이는 환자 성향에 따라 다르게 나타난다. 특히, 분노조절 장애가 있는 환자는 매우 세게 나온다.

넷째, 환자의 성급한 결론과 해석

치아를 뽑으려면 우선 진통제, 항생제를 해야한다. 그런데 일부 환자는 당장 치아를 뽑지 않고 쓸데없이 돈 낭비를 한다고 우기는 경우가 있다. 또한 일부 환자는 자신을 우선적으로 치료를 안해준다고 불만을 토로하는 일이 있다.

이런 이유로 해서 치과에서 불만 환자가 자주 생긴다. 상담자는 환자와 시비를 가리지 말고 친절하게 응대해야한다. 한데 일부 상담자는 이런 불만 환자와 힘겨루기를 하는 모양새를 보인다.

"제가 전에 몇 번씩이나 말씀드렸는데 환자가 잊어버리셨잖아요."

"제가 말씀드렸던 건 그게 아니라니깐요."

"왜 자꾸 트집을 잡으세요!"

이는 상담자의 잘못된 응대 방식이다. 환자의 잘못으로 인해 불만이 생겼다 해도 상담자는 환자와 시비를 가려서는 안 된다. 상담자는 불만을 제기하는 환자와 진실 게임을 하는 사람이 아니다. 상담자는 누가 옳고 그른지를 뛰어넘어서 환자의 감정을 잘 보듬어드려야 한다. 상담은 진실 규명을 통해 환자를 이겨먹는 것이 아니다.

인터넷에 모 피트니스 관장과 회원의 온라인 게시판 상담이 공개된 적이 있다. 회원 두 명이 각각 이런 질문을 올렸다.

"몇 달 하면 권상우 정도 됩니까?"

"내 다리가 근육이 많아서 맞는 바지를 찾기 힘들어요. 어떻게 하죠?"

관장의 대답이 독특했다.

"할리우드 근육배우 드웨인 존슨 아시죠? 드웨인 존슨을 목표로 3년 빡세게 하면 권상우 정도 됩니다."

사진17 드웨인 존슨

"회원 다리 대부분이 지방입니다. 지방을 빼면 됩니다."

관장은 진실을 말했다. 하지만 그는 매우 큰 사실을 놓쳤다. 회원과의 상담은 진실을 가리는 자리가 아니라는 점이다. 상담에서는 진실 여부를 떠나서 최대한 회원을 배려하고 존중해야한다. 회원에게 희망을 가지고 피트니스센터에 등록을 해 열심히 다닐 수 있도록 해야 한다. 그는 인터넷상에서 화젯거리로 유명해졌을지 몰라도 세일즈에서는 실패한 것이다!

이처럼 치과 상담자 또한 환자 잘못으로 인해 불만을 가진 평범한 환자를 응대할 때 절대 진위여부가 중요하지 않다. 환자의 불만을 잘 누그러뜨리고 감정을 컨트롤할 수 있도록 하는 게 중요하다. 그렇다면 어떻게 하면 상담에서 환자의 불만을 잘 누그러뜨릴 수 있을까? 이렇게 하려면 상담자는 평범한 환자가 불평을 통해 얻고자 하는 것을 잘 알아둬야 한다. 이를 신속하게 제공하면 환자는 언제 그랬냐는 듯이 평온한 환자로 돌아간다.

자기 잘못으로 인해 불만을 가진 평범한 환자가 얻고자 하는 것은 단순하다. 기질적 불만 환자를 제외한 모든 불만 환자가 얻고자 하는 것은 다음 세 가지다.

1. 자신이 정당한 불평을 가지고 있다는 것에 대한 인정

2. 잘못 이해한 점에 대한 정확한 설명

3. 잘못된 점에 대한 신속한 사과와 보상

266

이 세 가지에 대해 상담자는 이렇게 응대하는 게 좋다. 1번의 경우, 제일 먼저 상담자의 생각을 말하는 대신에 환자의 감정을 인정해주는 게 효과적이다. 이런 첫마디가 환자의 감정을 누그러뜨린다.

"사장님께서 충분히 불평을 가질 수 있겠네요."

2번의 경우, 상담자는 몇 번이고 친절하게 자세히 설명을 해드린다. 상담자 입장에서는 똑같은 일을 두 번 세 번 반복을 하게 되니 곤역이 아닐 수 없다. 하지만 치과의 의학 용어는 일반인에게 너무나 생소하다. 쉬운 용어로, 여러 번 재차 설명을 해드리자.

3번의 경우, 대부분의 치과 상담자가 잘 못하고 있는 것이다. 다른 곳도 아닌 엄격한 의료 기관인 치과에서 환자에게 사과를 하기 쉽지 않다. 하지만 불만 환자에게 건네는 사과는 치과가 잘못했을 때만 하는 게 아니다. 환자 잘못으로 인해 불만이 생겼어도 그에 대해 사과를 하는 액션을 취해야한다.

내가 교정과에 근무할 때, 한 교정환자가 전화와 문자를 해도 6개월 간 내원하지 않았다. 그 환자가 나중에 치과에 와서 봤더니, 치아가 엉망이 되고 말았다. 그러자 그 환자가 치과에서 책임지라며 불만을 토로했다. 이때, 그 환자를 응대한 상담자는 진료 시작 전에 모든 설명을 했다며 환자와 진실 게임을 했다. 그러자 환자의 불만이 해소되기는커녕 더 커져갔다.

하는 수없이 내가 투입이 되었다. 나는 환자를 만나자마자 자초지종을 듣는 자세를 취했다. 그러곤 "치료 전에 설명에 사인했네요"라면서 팩트를 제시했다. 그 환자가 명백히 잘못했음이 밝혀졌다. 하지만 그 사인을 한 설명 자료를 뒤집고 이야기했다.

"환자분께서 충분히 이해한 줄 알고 진행했습니다. 그런데 자세하게 설명을 못한 것 같아서 죄송합니다. 앞으로는 전화, 문자를 해도 내원하지 않으면 직접 자택을 찾아가도록 하겠습니다."

환자도 본인이 억지를 부리는 사실을 스스로 알고 있다. 단지 나는 내가 유리한 사실은 논쟁에 이용하지 않겠다는 제스처로 화해 모드를 제시한 것이다. 환자를 지나치게 코너로 몰아서는 곤란하다. 빠져나갈 구멍을 만들어 줘야 하는 것이다.

상담자는 불만환자를 섣불리 기질적 불만 환자로 속단하지 말자. 이렇게 되면 컴플레인 응대 전체를 망치게 된다. 또한 치과의 잘못이 아닌 환자의 잘못으로 오해가 생길 수 있다. 이로 인해 불만 환자가 종종 발생한다. 이런 환자와 시비를 가르는 건 절대 금물이다. 대신 컴플레인 환자의 격한 감정을 달래주는 데 전력을 다하자.

컴플레인 환자에게
적극적 경청을 하라

직원과 환자는 시각 차이가 크다. 직원이 순진하게 환자가 자신에게 호의적이라고 본다면 오산이다. 이와 마찬가지로 환자가 마음씨 좋게 직원이 자신에게 우호적이라고 본다면 이 또한 착각이다. 직원과 환자는 늘 서로에 대해 부정적으로 바라보고 있음을 놓치지 말아야 한다.

직원은 환자에 대해 이런 생각을 가지고 있다.

'참을성이 없다' · '일방적이다' · '욕심이 많다'

환자는 직원에 대해 이런 생각을 가지고 있다.

269

따라서 상담자가 불만 환자가 생길 때, 그 문제를 해결하는 게 결코 쉬운 일이 아니다. 상대를 선입견을 갖고 대하고 또 상대의 말을 건성으로 듣기 때문에 자꾸 어긋나기 일쑤다. 현장에서 이런 일이 수도 없이 일어난다.

이로 인해 나 역시 상담자 초기에는 컴플레인 환자 응대에 큰 고생을 했다. 나는 불평불만 환자의 응대 원칙 4가지를 잘 숙지하고 있었다. 참고로 그 내용은 다음과 같다.

1. 원인 파악의 원칙

환자가 왜 이런지에 대해 정확한 원인을 파악해야한다. 그래야 문제 해결이 된다. 대충 지레 짐작으로 원인을 짚지 말아야한다.

2. 신속 해결의 원칙

빨리 해결하는 액션이 중요하다. 나는 불만 환자가 발생 시 뛰어간다. 그러면 환자는 자신 문제에 긴급하게 대응한다고 보고 만족한다. 가끔 나는 일부러 엘리베이터를 타지 않고, 계단을 뛰어서 올라간다. 그러곤 환자에게 헉헉 대는 모습 보여준다.

3. 우선 사과의 원칙

잘잘못 따지기 전에 환자가 기분이 좋지 않은 점에 대해 사과하자. 사과 자체가 환자에게 큰 호응을 불러일으킨다. "언짢으셔서 굉장히 죄송합니다." 이런 말을 당신이 듣는다고 해보라. 기분이 좋지 않을 수 없을 것이다.

4. 논쟁 회피의 원칙

절대 의견 대립하지 말라. 감정을 완화한 후 시간을 가져라. 이때 이성적으로 시비를 따져도 늦지 않다. 현장에서는 절대 말다툼 금물이다.

이를 수도 없이 실천해보았다. 하지만 이것만으로는 불만 환자 응대에 역부족이었다. 직원과 환자 사이의 시각 차이를 극복할 수 없었기 때문이다. 나는 획기적인 불만 환자 응대법을 찾아보았다. 그러다 대학원의 상담학에서 배웠던 게 도움이 되었다. 내가 찾은 불만 환자 응대법은 '경청'이다. 오로지 적극적으로 듣는 것만이 직원과 환자 사이의 불신을 없애버리고, 불만 환자의 문제를 해결할 수 있다.

경청이라고 해서 다 똑같지 않다. 경청에는 소극적 경청(passive listening)과 적극적 경청(active listening)이 있다. 소극적 경청은 그냥 말 없이 상대가 하는 말을 수동적으로 듣는 것을 말한다. 이런 경청은 치과 상담에서 별로 필요하지 않다. 치과에서 필요한 것은 상대가 하는 말에 공감하면서 능동적으로 듣는 것을 말한다. 이러한 적극적 경청이 이루어지기 위해선 직원과 환자 사이에 라포(rapport)가 형성되어야한다.

무의식적으로 라포(rapport)를 만들기 위해서는 세 가지 요소가 필요하다.

1. 아이 컨텍(Eye contact): 눈을 바라보기
2. 노딩(Nodding): 고개 끄덕이기
3. 허밍(Humming): "음, 그렇군요."라며 리액션하기

이 세 가지로 라포를 형성하면, 비로소 상대에게 적극적 경청을 할 수 있다. 일단 적극적으로 경청을 하면, 컴플레인 문제의 70%가 해결이 된다. 상담자로서 내가 직접 수많은 컴플레인 환자를 응대한 경험에서 볼 때 그렇다. 적극적 경청을 하다 보면, 원인을 객관적으로 파악할 수 있으며 그에 대한 정확한 해결책을 도출할 수 있다. 이와 함께 해결책을 신속히 실행할 수 있으며, 그 결과를 환자에게 알려줄 수 있다. 그 결과, 10명의 컴플레인 환자에게 적극적 경청을 해보면 그중의 7명의 문제가 해결되었다.

상담자 초기 때 일이다. 한 아주머니가 치료가 잘못되었다면서 대기실에서 호통을 쳐댔다. 대표 원장 나오라면서 소리를 질러대는 통에 데스크 업무가 마비될 정도였다.

내가 아주머니를 응대하자 큰 목소리를 냈다,

"당신이 대표원장이야?"

무례하게 반말이었다. 나는 침착하게 입을 열었다.

"아닙니다. 그렇지만 환불이든 어떤 처리든 결정할 수 있는 권한을 가진 사람입니다. 저하고 이야기하시면 됩니다."

곧바로 그 아주머니를 상담실로 안내했다. 그리곤 몇 번 질문만 던졌고, 경청 모드로 들어갔다. 내가 신경을 써서 한 것은 오로지 듣기였다. 그 아주머니는 약 30분여 고래고래 소리를 질러댔다. 몇 번이고 속에서 욱하는 게 치밀러 올라왔다. 하지만 꾹 눌렀다. 단 한마디도 하지 않고, 그 환자가 하는 이야기에 귀 기울였다.

이때 절대 건성으로 하지 않았다. 고개를 끄덕거리면서 진정성을 가지고, 화를 낸 환자와 공감하려고 적극적으로 경청을 했다. 그러자 서서히 환자는 화를 내는 게 지쳤는지 더 이상 목소리를 높이지 않았다. 나는 예의바르게 환자의 눈을 응시하고, 고개를 끄덕이면서, "음. 그러셨군요"라고 말했다. 그러자 놀라운 일이 생겼다.

불같이 화를 내던 그 환자가 하소연하는 게 아닌가? 그 환자는 자신도 답답하다, 지금 치과에서 이러고 있을 상황이 아니다, 내가 어쩌다 이런 불상사를 겪는지 원통하다고 애절하게 속이야기를 털어놓았다. 내가 찔끔 눈물이 다 나올 지경이었다. 나는 더욱더 진중한 자세로 경청을 했다. 그러자 결국 그 아주머니 환자가 이렇게 말했다.

"내가 좀 성격이 급한 게 탈입니다. 조금만 기다리면 될 일인데 오늘 난리를 피운 것 같아서 죄송해요. 내일 예약해서 원장님을 뵙고

273

문제가 뭔지 들어봐야겠어요."

그 환자의 컴플레인이 신기하게도 저절로 해결이 되었다. 이렇듯 적극적 경청의 위력이 대단하다. 적극적 경청은 아무리 불만이 심한 환자라도 그 환자의 문제를 해결해낸다. 상담자는 적극적 경청을 실전에서 익숙해질 때까지 많이 연습해보는 게 좋다.

컴플레인 환자 응대에서 경청은 아무리 강조해도 지나치지 않다. 다른 것을 다 놓치더라도 오직 경청만은 놓치지 말자. 상담자가 적극적으로 경청하는 순간부터 환자의 불평, 불만이 사그라지는 것을 직접 체험해보라.

초기 진화가 안 되면
3가지를 바꿔라

컴플레인 문제는 조기에 잡는 게 좋다. 대충 안일하게 대응했다가 작은 불씨가 산불이 되듯이 감당하기 어려울 정도로 큰 피해를 야기한다. 하지만 상담자는 많은 업무를 진행하면서 환자들과 부대끼다 보면 일부 컴플레인을 놓쳐버리는 일이 있다. 이게 나중에 걷잡을 수 없는 불길이 되어 치과를 덮친다. 상담자는 컴플레인이 크든지 작든지 상관없이 하나하나 충실하게 대응해야한다.

그런데 만에 하나 환자의 불평 불만이 초기에 해결이 되지 않는다면 어떻게 해야 할까? 소화기처럼 한방에 진화할 수 있는 방법이 없을까? 있다. 이것은 바로, MTP(Man: 사람, Time: 시간, Place: 장소) 기법이다. 사람과 시간, 장소를 달리 하면 컴플레인을 효율적으로 처리할 수 있다는 것이다. 이는 매우 사용 가치가 높다. 이것 한방이면 초기에 잡지 못한 불만 불평의 불길을 금방 잠재울 수 있다. 그러면 치과에서 활용할 수 있는 MTP 기법에 대해 자세히 알아보자.

첫째, 응대하는 사람을 바꾸자.

단지 사람을 바꾸는 것만으로도 컴플레인 문제 해결이 시작된다. 사람을 바꾸는 것이 얼마나 효과적인지를 보여주는 범죄 심리학 이야기를 짚고 넘어가자. 범인을 취조할 때 취조관을 바꿔주는 것으로 높은 효과를 거두고 있다. 미리 다혈질 취조관과 온순한 취조관 두 명을 역할 분담하여 대기시켜둔다. 이렇게 해서, 피의자가 취조실에 들어오면 먼저 다혈질 취조관이 들어간다. 이 취조관은 강하게 나온다.

"다 불지 않으면 감옥에 처넣을 거야."

이에 피의자가 겁을 먹는다. 피의자는 자백할까, 자백하지말까 속으로 갈등한다. 하지만 피의자가 고분고분하게 범죄 사실을 털어놓을 가능성이 낮다. 단수가 높은 범죄자가 많기 때문이다.

이때 취조실에 온순형 취조관을 들여보낸다. 그는 다혈질 취조관을 말리며 말을 건넨다.

"너무 압박하지 말게."

그러곤 다혈질 취조관을 밖으로 내보낸다. 곧이어 피의자에게 말을 건넨다. 그의 말투는 차분하고 온순 그 자체다.

"저 형사 원래 다혈질이네. 너무 거세게 나온 것 같아서 미안해. 나한테 잘 협조해주기만 하면 많이 도와줄 테니 다 털어놔주게."

그러면 피의자는 마음이 급격히 흔들린다. 자신도 모르게 그 취조관을 신뢰하게 되어 줄줄 범죄 사실을 털어놓는다. 이렇듯, 두 취조관에게 역할을 분담시켜 미리 대기시킨 후, 취조관을 바꿔주면 취조의 성공률이 크게 올라간다. 한 사람이 아닌, 두 사람의 콤비 플레이가 중요하다는 말이다.

이처럼 치과에서도 불만 환자가 생기면, 한 직원만이 전담 응대하기보다 다른 직원으로 바꿔서 응대해 주는 게 더 효과적이다. 직원에서 상담 실장으로, 상담실장에서 대표 원장으로 바꾸는 게 좋으며, 성별을 바꾸는 것도 생각해볼 수 있다. 이때, 직책, 성별이 다르기에 그에 따라 환자를 응대하는 액션이 다르게 나오는 건 당연하다.

둘째, 시간을 바꾸자.

환자의 화난 감정에 즉각 대응하기보다는 시간을 두는 게 좋다. 격한 환자에게 곧장 대응하면 주도권을 잡은 환자에게 휘말리게 된다. 이를 피하기 위해서는 시간을 버는 것이다. 환자에게 이렇게 말하자.

"상담실장님이 오고 계시니까 10분만 차를 마시면서 기다려 주세요."

그러면 환자는 다소나마 감정을 완화하게 된다. 당장 소리쳐봐야 해결될 것이 아닌 이상 기다리는 수밖에 없다. 이렇게 시간을 바꿔서 상황을 중지시키는 것은 냉각 효과를 발휘한다. 분노가 일시 정지 상태가 된다는 말이다.

그런데 만약 환자가 그새를 못 참고 화를 낸다면, 이를 거부하지

277

말고 "그러시군요"라면서 맞장구치면서 듣자. 이렇게 하면 더 크게 불만 불평이 번지는 걸 막을 수 있다.

셋째, 장소를 바꾸자.

주로 대기실에서 불만 환자가 많이 생기는데 이를 방치하면 안 된다. 그 불만 환자를 그곳에서 응대하는 것은 마치 그 환자의 홈그라운드에서 힘든 경기를 치루는 것과 같다. 매우 불리한 게 당연하다. 따라서 그 환자를 다른 장소로 옮기는 게 좋다. 상담실이 적합하다.

환자가 상담실에 들어오는 순간 상담자의 홈그라운드에 들어오는 것과 같다. 이와 함께 상담실은 대기실과 달리 밀폐된 공간으로 은근하게 상담자에게 권위를 실어준다. 불만 환자 또한 새로운 환경에 들어서면서 원래 감정을 다시금 돌아보는 기회를 갖는다.

내 경우, 장소를 상담실에 국한시키지 않는다. 정말로 노발대발하는 컴플레인 환자는 아무리 상담실로 가자고 해도 말을 듣지 않는다. 참으로 난감하다. 이때는 환자의 팔을 붙들고서 이렇게 말한다.

"여기서 이럴 게 아니라 밖에 나가서 담배 한 대 하시죠."

"요 앞 스타벅스에서 커피 한잔하시죠. 내가 어떤 문제인지 잘 들어보겠습니다."

이렇게 해서, 치과가 아닌 전혀 다른 공간으로 환자를 데리고 간다. 이것만으로도 환자의 감정이 상당히 풀리는 것을 확인할 수 있다.

이제부터는 걷잡을 수 없이 환자의 불만 불평이 커지더라도 당황하지 말자. 침착하게 사람, 시간, 장소를 바꾸면서 응대해보자. 그러면 신기하게도 환자의 격한 감정이 누그러든다. 컴플레인 환자를 잘 응대하려면 MTP 기법을 습관화시키도록 하자.

컴플레인 사례를
공유하고 교육하라

"많이 기다리게 해서 죄송합니다. 어떤 문제인지 말씀해주세요. 우리 병원에서 잘못한 점이 있으면 시정하고 적절하게 보상해드리겠습니다."

나는 빗물에 젖은 채로 환자에게 말했다. 이날은 내가 퇴근한 후 직원들과 삼겹살을 먹고 있었다. 내가 좋아하는 삼겹살 한 조각을 막 입에 넣으려고 할 때 전화가 왔다. 야간 상담자가 긴급하게 나를 호출했다. 자신이 도저히 감당이 되지 않으며, 지금 치과 업무에 큰 지장을 줄 것 같다면서 빨리 와달라고 했다.

내가 명색이 프로 상담자인 이상 퇴근시간이지만 모른 체 할 수 없었다. 나는 책임감을 갖고 급히 비를 맞으며 헐레벌떡 뛰어갔다. 치과 건물 앞에 도착했을 때는 엘리베이터를 기다리는 시간이 아까

워 계단으로 뛰어올라갔다. 얼마 후, 컴플레인 환자와 대면했고 정중하게 말을 건넸다.

하지만 40대 남성의 환자는 내가 얼마나 최선을 다하고 있는지 알지 못했다. 여전히 인상을 쓰면서 험악한 말을 했다.

"15분이나 지났잖아! 치과가 구멍가게도 아니고 환자를 이렇게 기다리게 해도 되는 거야. 당장 대표원장 나오라고 해."

나는 치과로 달려오면서, 그 환자에 대한 정보를 받았다. 하지만 그것은 주관적일 수 있기에 참고만 하기로 했고, 환자가 하는 말에 귀를 기울였다. 환자가 더 큰 목소리로 화를 내기에 내 사정을 말씀드렸다.

"실은 내가 퇴근했는데 선생님을 뵙고자 빗속에 뛰어왔습니다. 대표 원장님을 대신하여 최선을 다해 선생님의 문제를 해결해드리겠습니다."

환자가 똥그랗게 눈을 떴다. 자신을 우대해준다는 느낌을 받은 것이다. 그러자 환자의 목소리가 다소나마 수그러들었다. 그러면서도 불만 사항을 계속 쏟아냈다. 나는 정중하게 그 환자의 말을 귀담아들었다. 직원들이 전해준 정보와 달랐다. 직원들은 그 환자를 기질적 컴플레인 환자라고 말했지만, 내가 볼 때 평범한 컴플레인 환자였다. 그 환자는 다른 환자에 비해 민감한 체질인데 이를 고려하지 않고 치료를 한 결과 환자의 통증이 심해졌다.

그날 나는 그 환자를 데리고 흡연실로 갔다. 나는 거듭 정중히 사과를 드렸고, 다시는 그런 일이 없을 것임을 다짐해드렸다.

컴플레인 사례로 자주 언급하는 이야기로 실제로 있었던 일이다. 지금도 생각하면 아찔하다. 그날 컴플레인 환자가 감정을 추수를 수 있었던 것은 무엇보다 내가 최선을 다하는 모습을 보여줬기 때문이다. 상담자가 퇴근했는데도 불구하고 비를 맞으며, 계단을 뛰어올라 오는 모습을 보여준다면, 그 어떤 불만 환자가 감동을 받지 않겠는가? 여기다가 정중히 사과를 하면서 환자의 말을 경청한다면 대부분의 불만이 풀리고도 남는다.

컴플레인 환자를 응대하고 나면 지긋지긋하다. 다시는 떠올리기 싫다. 하지만 그래서는 안 된다. 내가 겪은 것과 같은 컴플레인 환자 사례를 기억에서 꺼내어 직원들과 공유하고 교육해야한다. 컴플레인 환자 사례를 공유하고 교육하지 않으면, 동일한 원인에 의해 또다시 동일한 컴플레인 환자가 반복해서 생겨나기 때문이다. 컴플레인 환자 사례의 공유와 교육을 통해 동일한 원인에 의해 발생되는 컴플레인을 미리 방지할 수 있다.

내가 진행하는 컴플레인 응대 교육 시간에는 반드시 컴플레인 환자 사례를 공유시키고 나서 그에 대해 교육을 진행한다. 이때 다음의 세 가지 사항을 지키도록 강조하고 있다.

첫째, 결과를 검토, 반성하여 두 번 다시 동일한 건으로 컴플레인이 발생하지 않도록 유의한다.

컴플레인 환자 사례를 허투루 다루면 안 된다. 하나하나 소중하게 다루면서 반성과 도약의 기회로 삼아야한다. 이렇게 하기 위해서는 크고 작은 사례를 잘 기록해두고, 고칠 점에 대해 상담자 및 직원들이 모여서 토의하는 게 좋다.

둘째, 컴플레인 고객은 고객카드를 만들어 특별 관리한다.

환자 중에는 민감도 높은 사람이 있다. 가령, 마취 주사에 지나치게 예민하게 반응하여 공포를 느끼는 환자가 있다. 이런 환자가 불만을 토로할 가능성이 높다. 따라서 이런 환자를 잘 표시해둬야 한다. 치과 직원이 자주 바뀌기에 적어두지 않으면 그것을 알 수 없다.

셋째, 전화, 메일, 카톡, 문자, 방문 등으로 관계를 유지하여 평생 고정 고객이 될 수 있도록 노력한다.

앞서 말했지만 컴플레인 해결이 된 고객이 충성 고객이 될 가능성이 높다. 따라서 문제가 해결된 것으로 만족하지 말고, 환자와의 관계를 긴밀히 유지하자. 여성이 많은 상담 실장의 특성상, 자신의 명함에 치과의 폰 번호를 적어서 컴플레인 환자에게 건네주는 게 좋다. 그러면 급속도로 컴플레인 환자와 상담자의 관계가 가까워진다. 그 결과, 평생 고객이 저절로 만들어진다.

컴플레인 사례를 아무렇지 않게 내팽개치는 경우가 많다. 이렇게 해서는 컴플레인 환자 상담에 발전이 없다. 실력 있는 상담자가 되기 위해서는 사례 한 건 한 건 소중하게 기록해두고, 이를 직원들과 함께 공유하고 교육해야한다.

Dental Counseling

PART
07

환자를 사로잡는
상담 클로징 비법

강력한 클로징이
필요한 이유

"열심히 상담을 했지만 막판에 환자가 치료하겠다고 하지 않네요."

"환자가 충분히 납득했는데 막상 치료 동의를 하지 않아서 너무 힘듭니다."

어느 정도 경력이 있는 상담자들의 고민이다. 이들은 웬만한 상담 기술을 다 섭렵했기에 능숙하게 환자와의 상담을 이끌어간다. 환자들은 시간 가는 줄 모르고 상담에 빠져든다. 이렇게 해서 상담자는 속으로 '밥이 다됐구나'라고 생각한다. 그런데 어떻게 된 일인지 환자는 예상과 다르게 나온다.

"좀 더 생각해볼게요."

"결정되면 전화 드릴게요."

이런 식으로 나오는 환자들은 치과에 다시 찾을 가능성이 희박하다. 막판에 환자를 놓친 것이다. 그 이유가 뭘까? 가장 큰 이유는 클로징을 잘 하지 못했기 때문이다. 축구로 예를 들면, 골 결정력이 부족한 것으로 볼 수 있다. 상대편 골대의 페널티 라인까지 군더더기 없이 패스를 하여 골을 몰아넣었지만, 막판에 골을 넣지 못하는 것이다. 이렇게 되면 점유율이 높고, 패스 성공률이 높더라도 아무 소용이 없다. 경기에서 이기는 게 힘들어진다.

여기서 재확인하자. 상담자의 궁극적인 목표는 환자가 치료 동의를 하게 만드는 것이다. 결정적으로 이것을 못하면 다른 걸 아무리 잘 해도 소용이 없다. 환자들에게 인기가 있고, 말을 잘하며, 이미지가 좋아도 아무런 쓸모가 없다. 치과 상담은 환자가 치료를 받겠다고 사인을 하도록 만드는 것에 생명이 달려있다.

환자들은 마트에서 제품을 구입하는 고객들과 똑같다. 상품에 대한 설명을 충분히 잘 듣는 것만으로 상품을 구입하지 않는다. 그런데 상담자는 자신이 환자에게 충분히 치료에 대한 설명을 한 것만으로 치료 동의를 할 수 있다고 착각하고 있다. 참고로 고객들이 제품을 구매하는 과정을 살펴보자. 고객의 구매 행동을 나타낸 'AIDCA 모델'이다.

Attention(인지) - Interest(흥미) - Desire(욕망)
- Conviction(선택) - Action (구매)

제품을 인지를 하고 그것에 흥미를 느끼면 구매 욕망이 생긴다. 그런데 여기서 곧장 구매로 이어지지 않는다. 고객은 선택을 하는 과정을 거친다. 제품을 선택할까 말까 고민 후에 선택하는 것이다. 선택은 두 가지 차원에서 생긴다.

하나는 개인적인 맥락에서다. 고객 개인의 경험과 학습에 따라 구매가 결정된다. 예를 들어, 호흡기가 약한 고객이라면 공기청정기를 누구보다 절실하게 사고 싶을 것이다. 구매에 대한 선택 가능성이 높아진다. 그런데 건강한 사람이면, 공기청정기가 별로 와 닿지 않는다. 그래서 선택하지 않을 가능성이 높다.

다른 하나는 다른 제품과의 비교에서다. 자기가 원하던 제품이 눈에 딱 들어왔더라도 곧바로 지갑을 열지 않는다. 왜냐하면 다른 브랜드의 제품이 많이 나와 있기 때문이다. 그래서 고객은 비슷한 제품 중에서 하나를 선택하려고 한다.

고객은 이 두 가지의 차원에서 선택을 한 후 비로소 구매를 한다. 이를 상담자가 잘 기억해 둬야한다. 충분한 설명만 했다고 해서 환자가 치료에 동의하지 않는다는 말이다. 상담자의 설명에 의해 환자에게 치료에 대한 욕망이 생긴 것은 분명하다. 하지만 이 욕망이 구매 곧, 치료 동의로 이어지기 위해서 '선택'을 통과해야한다.

상담을 잘 했다고 생각했는데 막판에 환자가 치료에 동의하지 않은 이유가 여기에 있다. 환자가 개인적인 경험과 학습 그리고 다른 제품과의 비교에 의해 선택을 하는데, 여기에서 탈락한 것이다. 따라서 상담자는 환자의 '선택' 단계에 모든 에너지를 총동원하여 한방을 날려야한다. 그래야 환자가 치료 동의를 한다. 이때 필요한 게 클로징이다. 간결한 한방으로 선택하도록 유도하는 게 바로 클로징이다.

클로징을 할 때 과감하게 환자에게 말해야한다.

"여기에 사인하십시오."

"오늘 일부 치료비를 선납해주세요."

일부 상담자는 머뭇거리다가 환자를 놓치는 경우가 있다. 환자의 마음속에 치료에 대한 욕망이 강하게 일어나고 있는데, 이를 단번에 낚아채지 않으면 치료에 동의하지 않는다.

세계적인 세일즈 교육가 지그 지글러는 세일즈가 연애와 유사하다고 했다. 클로징의 측면에서 볼 때 정말 그렇다. 1년 동안 한 여성과 사귀면서 선물 공세를 퍼붓는 남자가 있다고 하자. 그런데 그 남자는 "사귀자"라면서 클로징을 하지 못하고 머뭇거린다. 이때, 한 달여 동안 그 여성에게 호감을 가지고 만나는 남자가 생겼다고 하자. 이 남성은 매우 적극적이다. 그 남성은 한 달이 다 가기 전에 꽃다발을 선물하면서 "사귀자"라고 고백한다. 그 결과는 어떨까? 다 알고 있고, 다 체험을 해본 그대로다. 후자가 이 여성의 사랑을 획득한다.

세일즈맨으로서 많은 시간을 바쳐서 정성을 다해 상담을 했는데도 불구하고 고객이 구매를 하지 않는 것만큼이나 허망한 일이 없다. 치과 상담도 마찬가지다. 공을 들여서 상담을 했다면 환자가 치료를 하도록 유도해야한다. 이렇게 하기 위해서는 환자가 선택하도록 강력한 클로징을 해야한다. 강력한 클로징이 환자가 다른 곳으로 빠져가지 못하도록 차단하여, 당장 치료를 받게 만든다.

탁월한 클로저의
마음 자세는?

야구에는 마무리 투수가 있다. 마무리 투수는 박빙의 리드를 잡고 있는 팀에서 가장 구위가 좋은 강심장 투수가 맡는다. 주로 시합에서 마지막 9회에 전력을 다하는 상대팀을 막기 위한 임무를 띤다. 이 마무리 투수가 팀 전체의 운명을 걸머진 채 마운드에 오른다. 그의 투구 하나하나에 따라 팀의 운명이 좌우된다. 그런 마무리 투수에게는 '다음'이 없다. 자신이 두들겨 맞으면 '대신' 던져줄 사람이 없다.

팀원들과 경기장을 찾은 팬들의 기분이 마무리 투수 한 사람에게 달려 있다. 그래서 마무리 투수는 가장 정신적으로 힘든 역할이다. 마무리 투수는 그 어느 투수보다 압박감이 심하다. 하지만 실력 있는 마무리 투수는 이를 극복해 내야한다. 그래야 팀의 우승을 확보할 수 있다. 마무리 투수가 약한 팀은 우승하기가 결코 쉽지 않다.

292

일본 리그 라쿠텐의 노무라 가쓰야 명예 감독은 '우승팀의 10가지 조건'을 꼽으면서 '절대적인 마무리 투수의 존재'를 가장 먼저 거론했다. 이광환 서울대 감독도 LG 시절 우승 팀의 5가지 조건 가운데 하나로 뛰어난 마무리를 언급했다. 야구에서 마무리의 역량이 팀 성적에 많은 영향을 끼친다는 얘기다.

우리나라 야구에서 최고 마무리는 투수는 누구일까? 두말 할 필요가 없다. 바로 오승환이다. 그는 일명 끝판 대장으로 불린다. 그는 334경기를 치루는 동안 무려 200세이브라는 대기록을 달성했다. 이는 야구 선진국인 미국과 일본에도 없는 전무후무한 기록이다.

그는 한 인터뷰에서 말했다.

"몇 세이브를 할지, 앞으로 몇 년을 더 뛸지, 그런 욕심은 없다."

이 말의 의미는 뭘까? 목표에 대한 지나친 욕심을 가지지 않는 대신 경기에 집중한다는 말이 아니까? 오로지 마운드에서 최선을 다해서 그에 따라 대가를 받겠다는 것 말이다.

치과 상담의 클로저도 이와 같다. 마무리 상담자가 치과와 팀원 전체의 명운을 짊어지고 환자와 맞붙는다. 말 한마디 한마디가 신중해질 수밖에 없다. 마무리 상담자가 최선을 다하는 자세로 환자를 대할 때 좋은 결과를 얻을 수 있다.

이때 주의할 것은 과도한 욕심을 섣불리 드러냈다가는 역효과가 난다는 점이다. 그러면 평정심을 잃어버리기 쉽다. 설령 실패하더라도 여유롭게 지나칠 수 있어야한다. 대신, 평소 준비한 대로 상담에 모든 역량을 바치는 게 필요하다. 상담 시작에서 끝까지 단 일초도 방심하지 않고 상담에 모든 걸 걸어야한다. 이렇게 해야 원하는 목표를 이룰 수 있다.

따라서 뛰어난 성과를 내는 마무리 상담자가 되기 위해서는 무엇보다 마음의 자세가 중요하다. 단단한 마음의 자세를 갖고 상담에 최선을 다할 때 목표로 하는 결과가 나온다. 이와 달리 오로지 목표만 내세운 채 마음의 자세를 잡는데 등한시하면 결코 좋은 결과가 나오지 않는다. 나는 상담자들에게 교육을 할 때 이렇게 강조한다.

"거창하게 목표를 세우기보다는 우선 자신의 마음의 자세를 확립하세요. 마음의 자세가 자리 잡힐 때 목표가 의미가 있어요. 치과 상담 클로저에게는 마음의 자세를 바로 세우는 게 너무나 중요합니다."

내가 볼 때 치과 상담 클로저에게 네 가지 마음의 자세가 요구된다고 본다. 십 수년 간 내 경험을 통해서 볼 때, 그리고 수많은 교육과 그에 대한 피드백을 통해서 볼 때 그렇다. 끝판 대장 오승환처럼 되려면, 마무리 상담자는 다음의 네 가지 마음의 자세를 확립하자.

첫째, 원장님에 대한 강한 자신감을 가져야한다.

단지 연봉을 높이기 위한 목적으로 마무리 상담자로서 큰 성과를 내길 바란다면 좋지 않은 결과가 나온다. 환자는 단박에 그걸 눈치채고 거부감을 드러낸다. 이에 반해 마무리 상담자가 원장에 대한 자신감을 갖고 환자를 대하면 그것이 고스란히 환자에게 전달이 된다.

이에 따라 환자는 상담자의 설득에 고개를 끄덕인다.

나의 경우, 치과 원장님과 인간적으로 친해지려고 노력을 많이 한다. 이와 함께 원장님의 다양한 경력을 내 것처럼 말할 수 있을 정도로 잘 기억해둔다. 그 결과, 원장님에 대한 자신감을 가질 수 있다. 그어떤 환자에게도 원장님을 자신감 있게 소개할 수 있다.

둘째, 상담 결과가 나쁘더라도 평정심을 유지해야 한다.

아무리 상담의 달인이라고 해도 백전백승을 거두기 힘들다. 상담달인은 다만 성공률이 높을 뿐이다. 이와 함께 기억해 둬야할 것은상담 실패를 대하는 태도 면에서 상담 달인이 초보 상담자와 다르다는 점이다. 상담 달인은 실패를 당할 때 쉽게 감정의 변화를 일으키지 않는다. 이런 평정 상태가 유지되어야 또 다른 환자와의 상담에서에너지를 잘 발휘할 수 있다.

상담 실패에서도 평정심을 잘 유지할 수 있다는 것은 배짱이 두둑하다고 볼 수 있다. 마무리 상담자의 평정심을 위해서 배짱을 길러야한다.

셋째, 강한 정신력을 가지고 있어야한다.

상담이 시작되면서부터 끝날 때까지 계속해서 정신력의 싸움이벌어진다. 순간순간마다 환자는 거절을 표시하려고 하기 때문에 마무리 상담자는 쉽게 지지 않는 강인한 정신력으로 무장해야한다. 아무리 환자가 치료에 응하지 않는다고 하더라고 포기하지 않고 불도

저처럼 묵묵하게 밀어붙여야한다.

환자가 막판까지 치료에 동의하지 않더라도 정신력으로 이를 극복해야한다. 단 1%의 가능성을 보고, 끝까지 놓치지 않는 자세로 상담에 임해야한다. 이렇게 할 때, 막판에 환자가 마침내 치료 동의를 결정한다.

넷째, 치과의 진료 철학에 대한 신념이 필요하다.

일부 상담자에게 치과의 진료 철학을 물으면 곧장 대답하지 못하는 경우가 있다. 자신이 직장이자 자아실현의 장인 치과의 진료 철학을 잘 모른다는 것은 있을 수 없는 일이다. 치과의 진료 철학에 대한 믿음이 마무리 상담자에게 힘을 얹어준다는 걸 잊지 말자. 머릿속에 깊이 치과의 진료 철학을 새겨두고 있으면, 마무리 상담을 할 때 든든하다. 소신을 가지고 치과에 대한 설명을 할수 있기 때문이다.

상담실장의 클로징
스타일 3가지

울지 않으면 죽여버릴 터이니 두견새야(鳴かぬなら 殺してしまえ ほととぎす)

― 오다 노부나가

울지 않으면 울려 보이마 두견새야(鳴かぬなら 鳴かせてみせよう ほととぎす)

― 토요토미 히데요시

울지 않으면 울 때까지 기다리마 두견새야(鳴かぬなら 鳴くまで待とう ほととぎす)

― 도쿠가와 이에야스

일본 에도시대 말기 지방호족이던 마쓰라 세이잔이 지은 '두견새'라는 하이쿠다. 이는 일본의 전국시대 3대 영웅에 대한 시조다. 맨 앞의 오다 노부나가는 다혈질이기에 두견새가 울지 않으면 죽여 버리고자 하고, 토요토미 히데요시는 두견새를 어떻게든 울게 만들고자 하고, 느긋하고 신중한 도쿠가와 이에야스는 두견새가 울 때까지 기다리고자 한다는 내용이다. 이처럼 두견새라는 동일한 대상을 바라보는 시각이 천지차이다.

이는 상담자에게 그대로 통한다. 상담자의 성향을 보면 크게 세 가지로 구분할 수 있다. 맨 앞의 오다 노부나가의 성향은 A 타입에, 토요토미 히데요시의 성향은 B 타입에, 도쿠가와 이에야스의 성향은 C 타입에 연결된다.

A 타입: 속전속결로 상담을 하고 가부를 판단한 뒤, 단판 승부로 결론을 낸다.

B 타입: 어떻게든 환자를 붙잡고 그 자리에서 설득을 시킨다.

C 타입: 환자와의 관계성을 쌓으며, 스스로 선택할 수 있도록 기다려준다.

보통 실력 있는 상담자라면 B 타입과 C 타입을 선호한다. 폭발적인 퍼포먼스를 보여주는 단기전에 강한 상담자 그리고 장기적으로 꾸준히 신환들을 창출하며 소리 없이 강한 상담자 말이다. 병원은 추구하는 방향에 따라 이런 인재들을 확보하기 위해 많은 노력을 기울인다.

사실 최고의 상담자는 두 타입의 능력을 다 갖추고 있어야한다. 개인적으로는 특히 C 타입의 능력을 중요시한다. 환자와의 긴밀한 관계를 통해 확보한 충성고객이 성공적인 상담을 만들어내기 때문이다.

충성 환자는 세일즈에서 '키맨(key man)'과 같다. 탁월한 세일즈맨은 키맨을 잘 활용하고 있다. 절대 자기 혼자 힘만으로 신규 고객을 만들지 않는다. 그렇게 하면, 고객 한명 한명을 확보하는데 시간과 에너지를 다 뺏겨버린다. 이로 인한 많은 고객 확보에 실패한다. 따라서 고객을 소개해줄 충성 고객 곧, 키맨을 적절하게 활용한다. 잘 만들어 놓은 키맨 한명이 스스로 영업 활동을 해줌으로써 많은 고객을 확보하게 도움을 준다.

27세에 최연소 백만장자로 기네스북에 오른 보험 세일즈맨 폴 마이어. 그의 성공 요소는 키맨 활용이다. 그는 보험회사에 입사한 후 9개월 동안 월 평균 87달러밖에 계약 실적을 거두지 못했다. 그런 그가 한 대기업 회장에게 감동적인 편지를 써서 직접 만나 뵈었다. 이 때 대기업 회장은 선뜻 거액의 보험 계약을 해주었다. 이와 함께 지인들에게 폴 마이어를 소개해주었다. 이렇게 해서 그는 단 한 명의 키맨으로 입사한지 2년만에 총 400만 달러의 판매를 거두었다. 키맨 한명이 이름없는 촌뜨기 보험 영업 사원을 세계적인 보험왕으로 만들어 준 것이다.

나의 경우만 하더라도 그렇다. 키맨 역할을 하는 충성 환자 한명으로부터 상당히 많은 신환을 소개받았다. 치과 근처에서 동네 커피숍을 하는 중년 여성 환자가 있었다. 그 환자는 간단한 충치 치료를 한 후 치과를 찾을 일이 없었다. 나는 별다른 의미 없이 꾸준히 방문하여 직원들에게 줄 커피를 사오곤 했다. 그러는 사이에 친해진 그 커피숍 사장님이 저절로 치과 실장님이 듬직해서 믿음이 간다며, 자기네 단골 고객을 치과에 소개해주겠노라 했다. 그 결과, 그 사장님이 무려 11명의 신환을 소개해주었다. 믿을 수 있는 동네 커피숍 사장님이 소개해주었기에 치과를 찾은 11명 모두 치료를 받았다.

이렇게 해서 나는 가만히 있어도 많은 환자를 확보할 수 있었다. 모두 잘 만들어놓은 충성환자 커피숍 사장님 덕이다. 이러한 충성 환자가 있느냐 없느냐에 따라 실력 있는 상담자인지 아닌지가 결정된다. 그렇다면 상담자가 충성 환자를 만들려면 어떻게 상담을 해야 할까?

상담 클로징을 할 때 해당 환자와의 관계를 종결짓는 것으로 하지 말아야 한다. 다음에 또 볼 수 있다는 것과 함께 그가 환자를 소개해줄 수 있다는 점을 기억해야한다. 충성도 높은 환자로부터 신환 소개를 받으려면, 상담 클로징이 종결이 아니라 새로운 시작이 되어야한다. 과감하게 이렇게 클로징해야한다.

"선생님, 주위에 치과를 잘 소개해주세요. 잘 해드리겠습니다."

"커피숍을 한다고 하셨는데 자주 찾아가겠습니다. 이왕이면 고객 가게를 이용해야하죠. 요즘 경기가 너무 어려운데 서로 돕고 살아야하죠."

이를 매개로 지속으로 친밀한 인간관계를 유지하자. 이 과정에서 환자와의 신뢰감이 만들어지도록 해야 한다. 믿음이 생긴 충성환자는 자기 스스로 알아서 치과에 신환을 소개해준다.

환자가 강한 욕구를 느낄 때는?
- 클로징 타이밍 ①

A: "엄마, 딸의 예쁜 얼굴을 위해 교정치료를 받도록 해주세요."

B: "엄마, 교정 치료 받게 해주세요. 왜냐하면 딸의 얼굴을 예쁘게 만들 수 있으니까요."

두 딸이 엄마에게 교정치료를 받게 해달라는 말이다. 얼핏 보면, 둘 차이가 없어 보인다. 모든 엄마는 딸이 예뻐지기를 원한다. 엄마는 기본적으로 같은 여성으로서 딸이 예뻐지길 바라는 욕구를 가지고 있다. 따라서 둘 중 어떤 식으로 말하든 상관없이 엄마의 마음이 똑같을까?

그렇지 않다. B가 훨씬 더 강력하게 엄마의 욕구를 끌어낼 수 있다. 단지 '왜냐하면'이라는 말을 넣기만 해도 훨씬 논리적으로 보이기에 더 설득력이 있어 보인다. 그래서 엄마는 B의 손에 이끌려 치과를 방문한다.

여기에는 충분한 심리학적 근거가 있다. '랭거의 실험(Langer' experiment)이라는 심리 법칙이 있다. 이는 하버드대학 심리학과 교수인 엘렌 랭거가 상대를 설득하기 위해서는 이유를 대는 게 효과적임을 밝힌 실험이다. 엘렌 랭거 교수의 연구팀은 '왜냐하면'이 어떤 효과를 내는지 실제 상황을 통해 실험을 진행했다.

대학교 도서관에서 복사하기 위해 줄을 선 학생들이 그 대상이었다. 연구팀은 낯선 사람을 그 학생들에게 다가가게 한 후, 먼저 복사기를 쓸수 있게 부탁하도록 시켰다. 이는 두 번 진행되었는데 이때 했던 각각의 말은 다음과 같다.

> A: "실례합니다. 제가 다섯 장만 복사하려고 하는데, 먼저 복사해도 될까요?"
> B: "내가 복사기를 먼저 써도 될까요? 왜냐하면 급한 일이 생겨서 그렇습니다."

놀라운 결과가 나타났다. A의 말에는 줄 선 사람들의 60퍼센트가 응했지만, B의 말에는 줄선 사람들의 94퍼센트가 응했다. '왜냐하면'이라는 말과 함께 적절한 이유를 대었기 때문이다.

그렇다면, '왜냐하면'이라는 말을 뺀 채 이유를 대기만 해도 같은 효과가 나타날까? 그렇지 않다. '왜냐하면'이라는 말 자체가 대단한 효과를 가지고 있기 때문이다. 실제로 연구 팀은 '왜냐하면'이 얼마나 효과를 가지고 있는지 실험을 진행했다. 이번 실험에서는 '왜냐하면'이라고 말하되, 타당한 이유를 대지 않고 동어반복적인 무의미한 말을 이어가게 했다. 실험 팀은 낯선 사람으로 하여금 줄 선 사람들에게 이렇게 말하게 시켰다.

"내가 복사기를 먼저 써도 될까요? 왜냐하면 내가 복사를 해야 하니까요."

이 말을 들은 사람들의 반응이 어땠을까? 화를 내기는커녕 줄선 사람의 93퍼센트가 순순히 그 부탁을 들어주었다. 너무나 놀라운 현상이 아닐 수 없다. 『설득의 심리학』의 로버드 치알디니는 그 이유를 이렇게 설명한다.

복사기 실험은 '왜냐하면'이라는 한 단어가 가진 독특한 동기 부여 효과를 입증해준다. 이 단어가 설득력을 얻는 까닭은 '왜냐하면'과 그다음에 따라오는 합당한 이유 사이에, 우리가 살아오면서 지속적으로 강화된 연상관계가 존재하기 때문이다.

이 말인즉슨, '왜냐하면'이라는 말을 듣는 순간 상대는 저절로 합당한 이유가 있다는 생각에 빠진다는 말이다. 이처럼 그 효과가 대단한 '왜냐하면'은 치과 상담에서 활용 가치가 매우 높다. 상담자의 충분한 설명으로 인해, 환자가 강하게 욕구를 느끼는 시점에 클로징 멘트로 적극 활용할 수 있다. 두 가지를 예를 들어보자.

교정 치료 상담을 하러 온 직장인 여성이 있다고 하자. 상담자가 원장님의 임상 경력과 합리적인 가격 그리고 미래에 얻어질 이득을 차근하게 잘 설명해주었다고 하자. 그러자 가격만 묻고 가려고 했던 여성의 마음속에 강한 교정치료 욕구가 불타기 시작한다.

이때 상담자는 이렇게 클로징 멘트를 함으로써 결정적인 한방을 날려보자.

"이번에 교정을 꼭 받으셔야합니다. 왜냐하면 직장 생활로 바쁘시기 때문에 치과를 찾기 어렵기 때문입니다."

그러면 '왜냐하면'이라는 말을 들은 직장인 여성 환자는 저절로 '왜냐하면'의 마법에 빨려 들어간다. 상담자의 말이 너무나 합당하게 들린다. 직장인 여성은 그러지 않아도 교정을 하려는 욕구가 대단히 강했다. 이렇게 되면, 직장인 여성은 곧장 치료 동의를 표시한다.

나이 지긋한 어르신이 어금니 충치 때문에 치과를 내원했다고 하자. 그 어르신은 이를 빼고 그대로 방치해 버리려고 생각하고 있다고 하자. 그 어르신 환자에게 상담자는 원장님의 임상 경력 및 임플란트의 효용성과 합리적 가격을 설명해드렸다고 하자. 그러자 "앞으로 살면 얼마나 살겠어?"라면서 임플란트를 할 생각이 없던 그 어르신의 마음속에 욕구가 생겨났다. 책상 위에 놓인 임플란트를 하고 싶은 마음이 굴뚝같다.

이때 상담자는 이렇게 클로징 멘트 한방을 날려보자.

"임플란트 꼭 하셔야합니다. 왜냐하면 나이 드실수록 잘 씹으셔야 소화가 잘되어 건강에 좋기 때문입니다."

어르신도 마찬가지다. '왜냐하면'이라는 말을 듣는 순간 임플란트를 해야 한다는 생각에 빠진다. 왜냐하면 '왜냐하면'이라는 말의 효과 때문이다. 따라서 '왜냐하면'이라는 말을 들은 어르신이 임플란트 치료에 동의하는 것은 당연하다.

환자가 고민을 시작할 때는?
- 클로징 타이밍 ②

상담자가 정성을 다해 설명을 해드리면, 대개의 환자는 관심을 갖는다. 점차 환자가 치료 받을 생각이 있다는 듯 눈빛을 반짝이면서 귀 기울인다. 그러면 상담자는 더욱 의욕적으로 환자에 다가가 설득을 시도한다. 이렇게 해서 곧장 환자가 "네, 치료받을게요"라는 말을 한다면 얼마나 좋을까?

실제로는 그런 일이 많지 않다. 막판에 환자는 여러 가지 저항 요소로 인해 고민에 빠진다. 예를 들면 이렇다.

'막상 하려고 하니까 망설여지네.'

'치료 받고 싶지만 당장 결정내리기 쉽지 않네.'

'좋기는 한데 어떻게 해야 할지 고민이 되네.'

이런 고민으로 인해 상당수 환자는 그대로 나가버리는 일이 비일비재하다. 그러면 많은 시간을 바쳐서 상담을 해온 노력이 물거품으로 돌아가고 만다. 따라서 막판에 고민에 빠진 환자로 하여금 치료 동의를 하도록 만드는 필살기가 필요하다.

여기에 활용 가치가 높은 게 바로 '이븐 어 페니 테크닉(even a penny technique)'이다. 이는 '1페니라도 좋으니'라는 말로 상대에게서 더 많은 돈을 내게 만드는 테크닉이다. 이것의 효과는 1976년 로버트 치알디니에 의해 입증되었다. 그는 미국 암협회를 대신해 가정집을 방문한 후 기부를 요청하는 실험을 했다. 이때 방문한 가정집을 반으로 나눠 두 가지 대화를 건넸다.

A: "나는 미국 암협회에서 기부금을 모으고 있습니다. 기부를 부탁드립니다."
B: "나는 미국 암협회에서 기부금을 모으고 있습니다. 기부를 부탁드립니다. 1페니 만이라도 내신다면 도움이 될 거예요."

결과는 놀라웠다. A 대화법을 사용한 가정집에서는 28.6퍼센트밖에 기부하지 않았다. 이에 비해, B 대화법을 사용한 가정집에서는 50퍼센트를 기부했다. 더욱이 평균 기부금 액수도 B가 훨씬 많았다. '1페니만이라도'의 효과가 대단했다.

그런데 '1페니'라는 특정 금액이 정해진 게 아니다. 로버트 치알디니의 후속 연구에 따르면, '5페니만이라도'라고 말하면서 기부를 부탁했을 때도 그렇지 않은 경우보다 더 많은 기부금을 모았기 때문이다.

이를 어떻게 이해할 수 있을까? 이는 '만이라도'라는 말이 작은 금액이라는 착각을 주면서 사람들의 '선의'를 자극하기 때문이다. 사람들은 잠재적으로 타인의 부탁을 들어주려는 선의를 갖고 있다. 그런데 막연하게 기부를 요청하거나 돈을 빌려달라고 할 때는 선의가 잘 생기지 않는다. 이와 반면에 작은 액수를 정해서 기부를 요청하거나 돈을 빌려달라고 할 때는 적극적으로 선의를 드러낸다. 그리고 선의를 드러내기 시작하면 기꺼이 더 많은 액수를 내놓는다.

이는 상담에 그대로 통한다. 상담자가 환자에게 건네는 말에 '만이라도'를 넣으면 더 설득력을 얻을 수 있다. 특히, 상담의 클로징 단계에 환자가 결정을 내리질 못할 때, '만이라도'라는 말을 넣으면 매우 효과적이다.

비용 문제로 환자가 고민을 할 경우, 이 테크닉을 적절하게 사용할 수 있다. 가령, 치료 수가가 50만원이라고 하면 이렇게 말하자.

"보통 70만원 가량 받습니다. 비용 부담이 되시면 50만원만이라도 해주십시오. 잘 모셔드리겠습니다."

그러면 '만이라도'라는 말이 효과를 낸다. 치료 받을까 말까 고민하는 환자로 하여금 '만이라도'라는 말이 50만원을 작은 금액으로 착각하게 만든다.

치과를 자주 찾는 중년 아주머니가 있었다. 그분은 충치 치료만

받을 뿐 치아가 빠진 곳을 그대로 방치하고 있었다. 그분을 잘 아는 분들이 전하는 말로는 홀몸으로 옷가게를 운영하여 어느 정도 부를 축적했다고 했다. 그리고 자녀 둘을 미국 유학까지 보냈다 했다. 그런데 정작 자신의 치아에는 별로 돈을 쓰지 않았다.

나는 그분을 평소 관심 있게 봐오다가 승부수를 띄우기로 했다. 충치 치료를 받고서 밖으로 나가시려는 그분을 붙잡고 상담실로 모셨다. 그분에게 건강이 어떠시냐? 자녀들은 어떻게 지내느냐? 등의 화제를 꺼내 대화를 이어갔다. 그분이 기분이 좋은 듯 많은 말을 쏟아냈다. 어느 정도 공감이 형성되자, 본론으로 들어갔다.

"어머님은 임플란트를 하셔야합니다."

그러자 그분의 표정이 달라졌다. 역시나 하는 눈치였다.

"왜, 그 비싼 걸해요?"

내가 준비해뒀던 말을 꺼냈다.

"이때까지 자녀를 공부시키고, 유학 보내는데 돈을 다 쓰셨잖아요. 이제는 어머님을 위해서 쓰세요. 요즘 임플란트 가격이 많이 내렸습니다. 어머님에게 맞는 임플란트가 있습니다. 70만원만이라도 내주시면 최고의 임플란트를 해드리겠습니다."

그러자 그분이 두 눈을 크게 떴다.

"70만원이면 된다는 말이죠?"

그분은 '만이라도'라는 말을 듣는 순간, 그 금액이 작은 것으로 느껴졌다. 그분은 이미 임플란트의 필요성을 잘 잘고 있었기에 다른 임플란트 가격을 물어보지도 않고 그 자리에서 치료를 받겠다고 했다.

이처럼 '만이라도' 효과가 대단하다.

꼭 금전과 연결될 때만 '만이라도'가 효과를 내는 게 아니다. 상담 클로징을 할 때, 어떤 말이라도 그것을 붙이면 효과를 낸다. 예를 들면 이렇다. '만이라도'가 환자의 가슴에 날아가 박혀서, 환자는 거절하기 힘들다.

"이 치료만이라도 받아보세요."

"행사 가격만이라도 해주십시오."

"국산 임플란트만이라도 해보세요."

환자를 다시 못 만날 순간은?
- 클로징 타이밍 ③

"다시는 내원하지 않을 것 같은 환자에게 마지막으로 뭐라 말해야 하죠?"

"처음이자 마지막이라는 느낌이 드는 환자 있잖아요? 어떻게 클로징을 해야 할까요?"

이처럼 상담자에게 마지막이라는 절박함이 드는 순간이 있다. 꼭 치료를 받아야하지만, 결정을 내리지 못한 채 끝이 될 듯한 환자와 상담하는 경우가 있다. 이대로 환자가 나가면 다시는 영영 치과를 내원하지 않는다. 이때 상담자로서는 무척이나 초조해진다.

그래서인지 평정심을 잃고 급하게 덤핑 가격을 제시한다. 여기에 환자가 긍정적으로 나올까? 그렇지도 않다. 가격이 결정적 요인이 아니기에 그대로 나가버릴 가능성이 매우 높다. 이렇듯 상담을 할 때

311

그날을 끝으로 환자를 못 보게 될 같은 순간이 있지만, 효과적으로 대응하기가 쉽지 않다.

이처럼 마지막이라는 생각이 드는 순간에는 '마지막'을 내세우는 게 좋다. 이른바 마지막 기회를 내세우는 것이다. 우리 주위에 이런 예를 많이 볼수 있다.

'마지막 찬스, 선착순 20명'
'한정 판매'
'마감 임박'

백화점과 홈쇼핑, 마트에서 흔히 접할 수 있는 홍보 문구다. 소비자들은 이 문구를 보는 순간 품절되기 전에 사야한다는 생각에 빠진다. 실제로 이런 문구 하나만으로 상품의 높은 판매고를 올리는 경우가 많다.

이는 심리학적으로 설명이 가능하다. '심리적 유도 저항(Psychological Reactance)'으로 보면 잘 이해가 된다. 이는 1981년 미국 사회심리학자 샤론 브렘과 잭 브렘이 『심리적 유도 저항』에서 처음 사용한 용어로서 선택 자유의 억압으로 인해 생긴다. 그 의미는 이렇다. '자유를 침해당하거나 위협당할 때 그것을 유지하기 위해 더 강하게 저항하는 심리.' 이 심리 현상을 주위에서 흔히 볼 수 있는데, 각종 금지와 규제에 의해 생긴다.

한 예로 '로미오와 줄리엣 효과(Romeno and Juliet effect)'를 보자. 이는 두 부모가 이들의 사랑을 금지하자, 이에 저항함으로써 이들의 사랑이 더 강해지는 것이다. 실제로 그렇다. 부모가 이성 관계를 반대하면 이성에 대한 사랑이 더 각별해지고 그에 따라 더 사랑에 불타게 된다. 또한, 인터넷상에서 특정 사이트에 대한 접촉을 금지하면 네티즌은 저항 심리로 더더욱 그 사이트에 대한 접촉을 추구한다. 온갖 수단 방법을 가리지 않고 사용해서 그 사이트와 접촉을 시도한다.

매우 극적인 사례가 있다. 1970년 플로리다주 마이애미시 당국에서 인산염 세제 사용 금지 조례를 통과했다. 그러자 사람들은 저항 심리로 그게 더 좋은 세재라는 인식을 가지고 더더욱 그 제품을 구매하게 되었다. 그 결과, 밀수와 매점매석이 만연하는 사태가 벌어지고 말았다.

이렇듯 금지와 규제로 인해 사람의 저항 심리를 유발시킬 수 있음을 알 수 있다. 이러한 금지와 규제를 제품 판매자가 '마지막 찬스', '한정판매', '마감 임박'으로 활용하고 있다. 따라서 이 문구를 본 소비자는 제품을 살 수도 있고, 더욱이 안 살수도 있는 자유를 가지고 있는데 이 선택의 자유가 위협을 당한다. 그래서 속에서 저항 심리가 발동함에 따라 그 제품을 구매하고야 만다!

이 심리적 유도 저항은 로버트 치알디니의 『설득의 심리학』에서 재탄생되었다. 로버트 치알디니가 내세운 '희귀성의 원칙(The law of scarcity)'에 이 심리 법칙이 깔려있다. 희소성을 내세우면 제품의 가치가 높아져서 소비자가 잘 구매한다는 말이다.

이는 실험을 통해 입증되었다. 연구팀이 플로리다 주립대학 학생을 대상으로 구내식당에 대한 설문 조사를 했다. 그러자 대다수 이런 평가를 내렸다.

"맛이 없습니다."

"양이 너무 적습니다."

그런데 9일 후, 다시 학생들에게 설문조사를 했다. 이번에는 구내식당이 2주간 문을 열수 없다고 언급했다. 그러자 이런 평가가 나왔다.

"먹을 만해요."

"가격 면에서는 좋습니다."

왜 이렇게 생각이 바뀌었을까? 이는 구내식당을 앞으로 이용할 수 없게 되었기 때문이다. 자유로운 선택에 강한 규제와 금지가 생긴 것이다. 이로 인해 저항 심리가 생긴 학생들은 구내식당을 높이 평가한 것이다.

이러한 '심리적 유도 저항'은 다시는 만나지 못할 것 같은 환자에게 써먹을 수 있다. 오늘로써 이 환자와의 상담이 끝이라는 생각이 드는 순간, 심리적 유도 저항을 활용해보자.

치과에서 이벤트를 한다면 상담자는 환자에게 이렇게 말하자.

"선생님, 교정 치료 특별 할인 이벤트가 오늘이면 끝이 납니다. 절대 이 기회 놓치지 마세요."

314

환자를 특별하게 대우할 때, 상담자는 환자에게 이렇게 말하자.

"VIP 고객 환자 20분에게만 해드리고 있습니다. 선생님이 운 좋게 마지막 찬스를 잡으셨습니다."

원장님의 임플란트 치료 실력이 뛰어날 때, 상담자는 환자에게 이렇게 말하자.

"우리 대표 원장님의 실력이 최고입니다. 그래서 방송에도 많이 나왔습니다. 근데 대표 원장님이 조만간 외국 대학에 연구 차 몇 달간 나갈 것 같아요. 얼른 임플란트 치료 받으세요. 선생님이 이번 달에 마지막이 될 수 있을 것 같습니다."

이렇게 말하면, '끝', '마지막'이라는 말이 환자를 자극한다. 그러면 환자의 선택 자유가 극도로 침해당한다. 이와 함께 환자의 마음속에서 저항 심리가 생겨난다. 이렇게 되면, 환자는 절대 가만있질 못한다. 당장, 치료 동의서를 가져오라고 한다.

환자를 거래의 승자로 만들라
- 클로징의 최종목표

> 판매는 감정전이다. 당신이 팔고 있는 제품에 대한 확신을
> 가지고 있고 이 거래로 해서 고객이 진정한 승자가 될 수 있다
> 고 마음 깊이 느낄 때, 고객에 대한 진정한 관심과 배려를 보여
> 줄 때, 모든 판매방문을 정중하게 유쾌하게 우아하게 그리고
> 친절하게 할 때 세일즈맨도 고객도 함께 승리하는 것이다.

아트 링크레터의 『톱 세일즈맨의 14가지 비결』에 나오는 말이다.
개인적으로 세일즈에 대한 책을 상당히 많이 읽어왔다. 그 수많은 책
들 중에 감명 깊은 구절이 여러 개 있는데 그 가운데 하나가 이것이
다. 이 인용문에서 눈길을 끄는 대목은 '고객이 진정한 승자가 될수
있다고 마음 깊이 느낄 때'이다. 그렇게 해야 세일즈맨도 고객도 함

께 승리하는 것이라고 하고 있다.

치과 상담자들은 가슴에 손을 대고 물어보자. 이때까지는 자신은 환자가 승자라는 생각이 들게 만들었는지를 말이다. 어쩌면 이와 달리 매번 실적을 올리기 위해 상담자 자신이 승자가 되어 오지 않았을까? 그래서 아등바등 목표 매출액을 달성하지만 단골 환자를 만드는 데는 실패하지 않았을까? 그래서 소개환자가 드물지 않았을까? 이렇게 해서는 단기 실적에서는 반짝할 수 있지만 장기적으로 보면 미래가 어둡다. 많은 환자 확보에 실패하고 만다.

나는 상담자들에게 교육을 해오면서 누차 이렇게 강조하고 있다.

"상담의 궁극적인 본질은 세일즈이며, 상담자는 세일즈맨입니다. 따라서 상담자는 환자를 이기려고 하지 말고 져줘야 합니다. 그리하여 환자를 최종 승자로 만들어야합니다. 그래야 환자들이 치과를 개선문으로 알고 흐뭇하게 자주 찾아올 것입니다."

생각해보라. 환자가 상담을 끝냈는데 어딘가 모르게 진 듯한 느낌이 든다면 어떻겠는가? 바가지를 쓴 것 같거나, 자기 의사가 관철되지 않고 상담자에게 끌려간 듯해서 감정적으로 썩 유쾌하지 못하다면 어떻게 될까? 환자는 두 번 다시 치과를 내원하지 않는다. 일회성으로 끝나고 만다.

따라서 상담자 자신이 환자에게 지지 않고 이기려드는 것은 마치 환자를 밖으로 내쫓는 행위와 같다. 거듭, 상담자는 세일즈의 관점을 놓치지 말아야한다. 그러므로 세일즈맨처럼 환자를 승자로 만들어야 한다.

외식업계의 미다스의 손으로 통하는 오진권 대표. 그는 놀부보쌈, 놀부부대찌개를 히트시킨 것을 발판으로 이야기 있는 외식 공간, 사월에 보리밥 등 14개의 브랜드를 운영했다. 하지만 그도 크게 망해본 경험이 있다. 그는 수십 번 가게 문을 닫는 고초를 겪었다. 그런 그가 어떻게 해서 이처럼 연매출 500억 이상을 거두는 대성공을 거둘 수 있었을까? 그는 그 비결을 이렇게 말한다.

"내가 고객을 이기려고 하면 안 돼요. 내가 손해 보려고 맘먹으면 고객은 감동합니다. 감동한 고객은 반드시 재방문하게 되어 있지요. 고객의 꾸준한 재방문 속에서 적정 이익을 도모해야지요."

이는 고객에게 아낌없이 퍼줌으로써 고객이 이기게 하는 전략이다. 몇 푼의 이윤에 집착하기보다는 과감하게 고객에게 더 양질의 음식을 제공하는 것이다. 이로써 고객은 지불한 돈보다 더 좋은 음식을 대접받았다는 생각을 한다. 고객은 내가 이겼다면서 기분이 무척이나 좋아진다. 여기서 끝이 아니다. 자신이 승리했다고 생각한 고객은 또다시 식당을 안 찾고는 못 배긴다. 다른 가게는 양이 차지 않기에 말이다. 이렇게 해서 단골 고객이 많이 확보되고, 또 소개 고객이 줄지어 이어짐으로써 식당이 대박 나는 것이다.

많은 상담자들이 내게 고민을 호소해온다. 최선을 다해 신환 상담을 해 치료를 받게 만드는데도 불구하고 단골 환자가 적다는 것이다. 이와 함께 목돈을 투자해 마케팅과 홍보를 할 때만 반짝 신환이 늘 뿐이라고 하소연을 한다. 이 문제점의 원인은 다른 데 있지 않다. 환자를 승자로 만들지 않았기 때문이다.

상담자는 세일즈맨의 자세로 클로징 단계에서 환자가 승자라는 생각이 들게끔 아낌없이 퍼줘야 한다. 치료비용, 직원 응대 서비스, 치료 과정, A/S 등 모든 면에서 승자인 환자에게 전리품을 내줘야한다. 당장의 이윤에 눈이 어두워진 채 이것저것 아끼다보면, 환자를 승자로서 대우하지 못한다. 줄 수 있는 최상의 것을 아낌없이 베풀어줘야 한다. 많은 환자 속에서 적정 이윤을 챙기면 된다.

이렇게 할 때 승자가 된 환자의 안중에 다른 치과가 들어오지 않는다. 오로지 자신을 최고로 우대해주는 치과 한 곳만 생각한다. 그 치과를 생각할 때마다, 환자는 은근슬쩍 미소를 짓는다. 그 치과는 곧 개선문과 같은 효과를 내기 때문이다. 또다시 그 치과를 찾고 싶은 마음이 생기지 않을 수 없다.

실력 있는 상담자, 에이스 상담자가 되기 위해서는 클로징에서 반드시 환자를 승자로 만들어야한다. 막판에 환자가 진다는 느낌이 든다면, 제대로 상담 클로징을 한 게 아니다. 막판에 환자가 승자라는 기분이 들게 만들어야한다. 그 이유를 세일즈계에서 자주 회자되는 말에서 찾아볼 수 있다.

'고객은 왕이다.'

'고객이 있고 나서 내가 존재한다.'

'고객 = 생존'

이제 상담자는 이 말을 가슴에 새기자. 그리고 상담자는 자신이 세일즈맨이라는 생각을 갖고 초심을 잃지 말자. 그리하여 상담이라는 거래에서, 최종적으로 환자가 승자가 되도록 만들자. 고객을 승자로 만드는 깔끔한 마무리는 또 새로운 로열티 높은 신환을 만들어주며, 상담자의 상담풀이 마를 일이 없게 만들 것이다. 따라서 병원 매출이 쑥쑥 올라가는 것과 함께, 원내 상담자의 가치와 존재감이 커질 것이다.

자기 성장의 노력을 통해
최고 상담자가 되기를

'상담은 과학'이라는 관점에서 다양한 상담 사례와 함께 체계적인 상담 원리를 살펴보았다. 이와 함께 치과 상담의 본질이 세일즈라는 점을 알려드렸다. 이러한 치과 상담은 많은 치과 종사자들이 뜨거운 관심을 가지고 있는 분야이며, 치과 종사자들은 최고의 상담자가 되고 싶어 한다.

최고 상담자가 되는 것은 결코 쉬운 것은 아니지만, 그렇다고 불가능한 것도 아니다. 최고의 상담자에게 요구되는 것은 탁월한 재능이 아니라 끊임없이 노력하는 자세이기 때문이다. 그러므로 많은 분들이 자기 성장을 위한 노력을 통해 일류 상담자가 될 수 있다고 확신한다.

필자는 오래전에 치과 상담의 중요성을 깨닫고 그 노하우를 구축해왔다. 그러던 차에 필자는 작년 말에 도서출판 혜세의서재로부터 치과 상담에 특화된 책을 써달라는 요청을 받았다.

이에 필자는 심리학, 마케팅 기반의 상담을 해오면서 실전 사례를 통해 구축한 상담 원리를 책에 소개하게 되었다. 하나하나의 원리가 추상적이지 않고 수많은 실전 사례를 통해 검증을 받은 것이다. 하지만 처음 책을 집필하다보니 많은 아쉬움이 남는다. 여러모로 부족한 점이 적지 않지만, 현장의 경험과 내 나름의 노하우를 진솔하게 담아놓았다. 참고로 이 책의 부족한 부분은 유튜브 채널 '명품똥고양이'라는 네이버 카페 아이디의 채널에서 챕터 단위의 세세한 사례 위주로 다룰 예정이다. 책을 보면서 함께 시청하면 큰 교육 효과를 볼 수 있을 것이라고 확신한다.

어설픈 고백이지만 아무쪼록 이 책이 치과에서 상담을 하시는 분들에게 용기와 희망을 주었으면 한다. 그리고 급변하는 치과 환경에서 생존하기 위해 각고의 노력을 하는 이 땅의 모든 치과 종사자 분들에게 감사한 마음을 전한다.

끝으로 책이 출간되는 데 도움을 주신 분들에게 감사드린다. 출판 기획 아이디어를 주신 도서출판 혜세의서재 고송석 대표님 그리고 자료 수집과 정리에 도움을 주신, 차기작 상담이론 책의 공동 저자 치과위생사 김다은 실장님, 조윤상 실장님, 이다운 실장님에게 감사의 말씀을 전한다.